# Femme et Ministre au Service du Maître

Astrid Mutha Soni

*Les citations bibliques de ce livre sont, en grande partie tirées de la version Louis Segond de 1910 revue et corrigée, à moins que spécifiées autrement et directement à côté des références.*

*Les citations bibliques sont abondantes pour appuyer les vérités exposées, et aussi pour faciliter ceux qui ne peuvent, malgré eux, mettre la main sur une Bible pendant la lecture de ce livre.*

**Femme et Ministre au Service du Maître**
© 2015 par Astrid Mutha Soni
Tous droits réservés

Editions
*Grave la Vision*
www.gravelavision.com
www.restorationtop.net
www.sonirestorationministries.org

## Table des Matières

Dédicace ... 4
Remerciement ... 5
INTRODUCTION ... 7

### Ière PARTIE : LE PROFIL DE LA FEMME SERVANTE
Chap. I.   Elle est une personne humaine ... 14
Chap. II.  Elle est une chrétienne avant d'être ministre ... 17
Chap. III. Elle est une bonne épouse ... 20
Chap. IV.  Elle est une mère ... 37

### 2ème PARTIE : LA VIE SPIRITUELLE D'UNE SERVANTE
Chap. V.    Marcher avec son Maître ... 49
Chap. VI.   Se nourrir de la parole ... 53
Chap. VII.  Servir sans réserve ... 63
Chap. VIII. Servir commence à genoux ... 74
Chap. IX.   Le sens d'appartenance ... 79
Chap. X.    Servir comme un témoin ... 83

### 3ème PARTIE: LE MINISTERE D'UNE SERVANTE
Chap. XI.  Les Femmes au travers de la Bible ... 93
Chap. XII. Spécialement mise à part ... 97

### 4ème PARTIE: TENUE ET PARURE DE LA FEMME MINISTRE
Chap. XIII. Vêtir le chef d'œuvre divin ... 104
Chap. XIV.  Maintenir le temple du Saint-Esprit ... 113

### 5ème PARTIE: REUSSIR AVEC LES FEMMES
Chap. XV. Réussir votre ministère parmi les femmes ... 124
ANNEXES: *AIDES SEMBLABLES INTERNATIONAL* ... 132
   *Le Réseau de la Famille de la Restauration* ... 133

## Introduction

Depuis l'époque de la Bible Dieu n'a pas cessé d'appeler les femmes à Son service. Des femmes mises à part pour des services spécifiques avec des dimensions particulières, soit en qualité de leurs appels individuels comme Myriam, Deborah, Phoebe, etc. Soit du fait de leurs relations matrimoniales avec des serviteurs de Dieu; c'est-à-dire à l'ombre de leurs époux ou encore comme coéquipiers dans le ministère à l'exemple de Priscille et Aquillas, Daisy et TL Osborn, Margaret et Benson Idahosa, etc.

Quand nous parlons des servantes de Dieu dans ce livre, nous faisons allusion non seulement aux cinq ministères selon Éphésiens 4:11, mais aussi aux multitudes des femmes chrétiennes, qui n'ont pas un appel particulier comme apôtres, évangélistes, pasteurs, prophètes, ou docteurs. Nous nous adressons à toutes les chrétiennes qui ont reçu un mandat de la part de Jésus-Christ lui-même, leur disant: «*Allez, faites de toutes les nations des disciples!*» (Matthieu 28:19)

Dieu appelle et utilise qui Il veut et quand Il veut. Dieu est le meilleur employeur qui puisse exister. Il ne donne pas une offre d'emploi en exigeant une expérience. Au contraire Il appelle et équipe ceux qu'Il appelle. Quand la Bible dit qu'on ne devait pas donner des responsabilités à un nouveau converti, elle veut en d'autres termes dire que Dieu est encore entrain de l'équiper et le moment venu il sera à mesure de porter le fardeau du leadership.

Quand nous lisons de l'Ancien au Nouveau Testament nous découvrons que Dieu n'a pas appelé à son service des personnes équipées. Et certains d'entre eux ont même cru que Dieu commettait une faute que de les appeler. Ils ont rappelé à Dieu combien leur CV n'était pas assez fourni pour le travail.

Moïse a même rappelé à Dieu qu'il n'avait pas la parole facile, il a précisé que c'était un problème qui datait de longtemps; sans doute pour montrer que c'était une situation difficile à résoudre. *«Ah ! Seigneur, je ne suis pas un homme qui ait la parole facile...»* (Exode 4:10) La réponse de Dieu à Moïse prouve que ce n'est pas ce qu'on est qui fait de quelqu'un serviteur ou servante de Dieu, c'est plutôt le choix de Dieu ou Son appel qui fait la différence. (Exode 4:11-12)

Quand Dieu appelle Gédéon à délivrer le peuple d'Israël du joug de Madian, Gédéon voyant la grande déchéance dans laquelle se trouvait Israël a cru qu'il n'était pas le choix qu'il faut. La Bible dit que la main de Madian fut puissante contre Israël, et ce dernier était malheureux. La situation était dramatique au point que quand Israël semait, leurs ennemis venaient dans le pays comme une multitude de sauterelles pour ravager. Quand Dieu parle à Gédéon, Il l'appelle vaillant héros, avant même qu'il n'est accompli quoi que ce soit. Il est curieux de constater que Dieu détermine même le nombre des soldats qui doivent l'accompagner pour la victoire. Par crainte et manque de confiance en soi, on est souvent tenté de se faire entourer de personnes même inutiles pour l'accomplissement de la tâche.

> *Deborah était en son temps la bouche de Dieu pour instruire, juger et secourir son peuple*

Deborah est parmi les femmes les plus influentes dans l'histoire du peuple de Dieu. Les circonstances de l'appel de Deborah ne sont pas spécifiées dans les Écritures. Elle est appelée au ministère de prophète et exerce la fonction d'un juge à une époque où il n'était pas facile pour une femme d'être considérée et moins encore d'avoir une position d'autorité dans la société. Elle fut la seule femme parmi les douze juges qui ont dirigés en Israël. Elle a cru que le Dieu qui l'appelait lui donnerait aussi de l'influence. La Bible nous dit qu'elle était le leader du peuple et toutes les tribus venaient se faire juger auprès d'elle. Elle était la bouche de Dieu auprès de Son peuple; elle l'instruisait, corrigeait les abus, et apportait tout secours nécessaire.

*«Dans ce temps-là, Déborah, prophétesse, femme de Lappidoth, était juge en Israël. Elle siégeait sous le palmier de Débora, entre Rama et Béthel, dans la montagne d'Éphraïm; et les enfants d'Israël montaient vers elle pour être jugés.» (Juges 4:3-4)*

Elle avait courageusement instruit Barak à lever une armée pour combattre les ennemies. Quand Barak s'est cru dans l'incapacité d'aller seule, elle n'avait pas craint de l'accompagner. Dieu a fait de Deborah un leader digne de ce nom.

*Des personnes qui se croyaient incapables, mais qui dans la suite ont fait des exploits*

La Bible est remplie d'exemples des personnes que Dieu a appelées, mais qui de prime abord ont cru qu'elles n'étaient pas capables, et pourtant dans la suite elles ont accompli des œuvres extraordinaires. Nous ne parlons pas ainsi pour encourager ceux qui pour se faire un nom se font eux-mêmes appeler au ministère… Dieu seul reste leur juge.

Jérémie a même cru qu'il n'avait pas encore l'âge de prendre la responsabilité, mais Dieu l'a averti disant: *«Ne dis pas je suis un enfant…»* Quel grand prophète est devenu cet enfant qui a répondu à l'appel de son Dieu ?

Quant aux femmes qui croient que Dieu les a appelées, et qui se laissent encore distraire par des polémiques et des circonstances autour d'elles, nous leur disons de racheter le temps, de se lancer dans la moisson sans attendre, car le Seigneur vient bientôt. Pour celles qui se croient incapables, nous disons que le Dieu qui les a appelées, les équipera pour un travail réussi, à la gloire de Son nom.

Pour d'autres qui sont encore hésitantes à répondre à l'appel de Dieu à cause de tous les mépris autour d'elles; la vérité est qu'il n'y a rien de nouveau sous le soleil. Même Déborah n'était pas acceptée par tous ses contemporains. Il y avait surement de ceux qui boudaient son autorité.

*La femme samaritaine, une déséquilibrée qui devient instantanément une Évangéliste*

Le livre de Jean au chapitre quatre, nous parle de la femme Samaritaine qui a converti la plus grande population de sa ville par son message. Et la Bible dit : *«Plusieurs Samaritains de cette ville crurent en Jésus à cause de cette déclaration formelle de la femme: « Il m'a dit tout ce que j'ai fait »*. (Jean 4:39) Savez-vous qu'après que ces personnes ont rencontré Jésus, elles ont dites à la femme : *« Ce n'est plus à cause de ce que tu as dit que nous croyons ; car nous l'avons entendu nous-mêmes, et nous savons qu'il est vraiment le*

*Sauveur du monde»*. (Jean 4:42) Et pourtant sans le message de la femme, ils ne seraient pas venus à la rencontre du Seigneur. N'est-ce pas c'est choquant de voir les gens tenter de méconnaitre son travail? Néanmoins elle reste la seule personne qui du vivant de Jésus a pu faire l'œuvre de l'évangélisation et a amené à la foi en si peu de temps, une si grande foule !

La première femme qui a reçu la mission d'aller annoncer la bonne nouvelle de la résurrection du Seigneur Jésus aux apôtres, n'a pas été cru ; et pourtant envoyée par Jésus lui-même !

Jésus notre Maître et modèle n'a pas aussi connu l'approbation de tous. Plusieurs n'ont pas cru en Lui, mais cela ne L'a pas empêché d'accomplir Sa mission jusqu'au bout.

Si c'est un homme qui t'appelle au ministère, alors tu ferais mieux de t'asseoir; mais si c'est Dieu, lèves-toi et agis car personne ne le fera à ta place.

*Première partie:*

# Le profil de la femme servante

*Servir Dieu est un privilège et une responsabilité. Il est important que les femmes qui répondent à cet appel comprennent la grandeur et la délicatesse de leur tâche. Il n'y a pas meilleure chose que d'être préparer avant de s'engager dans quoique ce soit. La préparation aiguise notre confiance et détermination à réussir et même à affronter les obstacles. Nous voulons aussi dans ce ligne aider le public à comprendre que la servante de Dieu n'est pas un extra terrestre, mais plutôt un être humain qui a aussi besoin de leurs secours pour réussir dans l'exercice de son travail.*

# Chapitre I

# *Elle est une personne humaine*

**Pas une chose, pas un esprit céleste, mais un humain.**

La servante de Dieu est une personne possédant une nature humaine féminine. Elle a été créée par Dieu avec un corps, une âme et un esprit. La nature de son corps fait d'elle une personne physique, biologiquement constituée, comme tous les autres humains. Elle a des besoins, des goûts, qui doivent être satisfaits dans des conditions données; pour son épanouissement en tant qu'humain. Ça ne doit étonner personne qu'elle cherche la nourriture, la sécurité, l'habillement, etc.

> *Pas une chose, pas un esprit céleste mais un humain.*

**Possédant une nature sentimentale**

Dans sa nature sentimentale, elle a des émotions et des sentiments, l'animant à réagir comme une personne psychique. C'est pourquoi elle peut être joyeuse ou triste, heureuse ou déprimée. Elle a le devoir d'aimer et le droit d'être aimée. Elle doit avoir la liberté de partager son affection avec son mari. Elle peut avoir des préférences dans ses goûts, ses relations, ses manières, ses habitudes et son comportement.

## Possédant des potentialités et des limites

La nature humaine de la femme, se caractérise aussi par ses potentialités et ses limites. Intellectuellement, elle possède des facultés cognitives c.à.d. des aptitudes qui lui font acquérir des connaissances naturelles, scientifiques et spirituelles. Des aptitudes intellectuelles lui permettant d'acquérir des diplômes scolaires, académiques, professionnels ou ministériels (Ecole Biblique).

> *La femme est capable de beaucoup*

## Divers prouesses

La femme est capable de beaucoup de prouesses dans ses activités journalières et domestiques.
Elle peut posséder:
-des prouesses matrimoniales, comme la maternité, l'affection féminine.
-des qualités de créativité, d'initiative et d'entreprise.

-des prouesses professionnelles comme être une couturière, une institutrice, une conseillère, un médecin, une consultante, une fondatrice ou initiatrice de grandes œuvres, une femme d'affaires, une formatrice, un leader ou que sais-je encore!

**De part sa nature, la servante de Dieu a des limites**

En disant qu'elle est une personne humaine, on sous-entend qu'elle a des faiblesses. Cette femme peut ignorer certaines choses, peut commettre des fautes (s'égarer), elle peut aussi se sentir incapable de faire ou réaliser certaines activités. Elle peut avoir des handicaps physiques, des lacunes intellectuelles ou des manies psychologiques, morales ou émotionnelles.

En tout cas, cette femme ne peut pas tout connaître, tout accomplir, ou tout imaginer. Après tout, elle est une personne humaine. D'où, elle ne vivra pas comme un extra-terrestre pour prouver combien elle est capable de tout; mais plutôt comme un humain qui connaît ses limites et qui s'abandonne à Dieu pour qu'Il fasse d'elle une personne à la hauteur de Son appel.

## CHAPITRE II

# *Elle est chrétienne avant d'être ministre*

Avant d'être au service de Dieu toute servante de Dieu est d'abord une croyante, une chrétienne et un disciple. On ne peut servir le Seigneur sans avoir soi-même fait une rencontre personnelle avec Lui. La conversion à Christ est le seul moyen qui fait de vous « enfant de Dieu » et membre du corps du Christ. Tout service à Dieu avant la conversion est une peine perdue et un exercice vide de sens. Jésus a dit qu'il dira à certaines personnes: *«Je ne vous ai jamais connus, retirez-vous de moi, vous qui commettez l'iniquité.»* (Matthieu 7:23)

*D'abord se convertir puis servir*

Sans la conversion à Christ, les bonnes œuvres que quelqu'un peut produire ne peuvent ni le sauver, ni lui garantir une vie victorieuse. La Bible ne dit-elle pas que ce qui est né de la chair est chair et que seul l'Esprit donne la vie? (Jean 3:6) Si la servante de Dieu n'est pas sauvée, comment amènera-t-elle les autres au salut ? La Bible dit: *«Si* un aveugle conduit un autre aveugle, ils tomberont tous deux dans un trou. »* (Matthieu 15:14) Elle sera consciemment ou inconsciemment au service de l'ennemi. La conversion est le point de départ dans la marche avec Dieu. C'est une expérience incontournable et irremplaçable.

## Besoin de maturité

Tout croyant nouvellement converti est appelé à témoigner sa foi sans attendre; mais celle ou celui qui est appelé à diriger les autres, c.à.d. au ministère, doit se laisser former. Nous avons eu à rencontrer des servantes de Dieu frustrées, complexées, voire incompétentes dans l'exercice de leur travail. Mais avec le temps on arrive à réaliser que certaines d'entre elles sont des innocentes personnes sur qui on a placées un fardeau au moment où elles n'étaient pas à mesure de le porter. Elles sont souvent des personnes qui n'ont pas eu une croissance chrétienne normale, mais qui se sont vite trouvées entrain de prendre les autres en charge au lieu qu'elles soient elles-mêmes prises en charge. C'est à cause de cela que la Bible défend de donner des responsabilités aux nouveaux convertis. Ceci montre la nécessité de se laisser équiper.

*Se laisser former*

## Être disciple pour faire des disciples

Comment et de quel droit quelqu'un se mettrait-il à faire des disciples si lui-même n'a jamais été disciple? Faire des disciples n'est pas juste transmettre des enseignements ou affermissements, comme certains le croient. C'est plutôt transmettre une vie, se dupliquer chez les autres. Le meilleur et premier affermissement à donner aux autres c'est d'abord un bon modèle de sa propre vie; parce qu'on ne donne que ce qu'on a. C'est pourquoi si quelqu'un est mal affermi, il transmettra aussi cette mauvaise semence.

*Se dupliquer chez les autres*

## Chapitre III

# *Elle est une bonne épouse*

Si une femme qui aime servir Dieu est appelée à être mariée, elle doit savoir que son mariage est un devoir divin.
Il n'y a pas des bons époux sans des bonnes épouses, et il n'y a pas une meilleure épouse sans un meilleur époux. Seule la complicité entre deux conjoints fera d'eux un couple réussi. C'est pourquoi il nous sera difficile de parler de l'épouse sans parler de l'époux. Nous souhaitons que les personnes qui liront cette partie du livre le partage aussi avec leurs conjoints.
Les couples des serviteurs de Dieu sont entourés d'une grande nuée des témoins; des personnes qui ont besoin d'un modèle de foyer, et aussi des curieux qui veulent voir s'ils feront exception à la déchéance qui secoue des milliers des foyers dans le monde.
Nous essayerons de nous étaler un peu à ce sujet, afin d'équiper ces personnes qui ont la charge de

diriger les autres. C'est quand leur couple sera debout qu'ils deviendront des instruments efficaces entre les mains de Dieu pour secourir ceux qui le suivent.

Quand Dieu a créé Adam et l'a établi dans le Jardin d'Éden, on peut imaginer que ce dernier avait tout ce qu'un homme de son époque avait besoin. Mais Dieu savait qu'il y avait en lui un plus grand besoin qui n'était pas encore satisfait. La présence des toutes les autres créatures ne répondait pas à son profond désir d'être en relation. Être en relation est un besoin fondamental de la nature humaine.

> *Chair de ma chair, os de mes os*

L'homme est créé avec une nature qui ne trouve satisfaction que dans une communion réciproque avec les semblables. Cette relation peut être une relation de famille, une relation d'amitié ou une relation conjugale. C'est un désir naturel, authentique et humain. Ce désir est tellement fort qu'on ne peut s'en passer. Chaque humain se sent attiré à vivre en relation avec les autres. C'est pourquoi lorsque quelqu'un décide de s'isoler loin des familles et amis; il devient clairement anormal.

Être en relation fait donc partie de notre nature. La relation conjugale est un lien beaucoup plus fort encore parce qu'elle engage pleinement nos sentiments et émotions. Quand Dieu a fait venir auprès d'Adam la femme qu'Il avait formée de sa côte, Adam s'était écrié: «*Voici cette fois celle qui est os de mes os et chair de ma chair! on l'appellera femme, parce qu'elle a été prise de l'homme.*» (Genèse 2:23) Le mariage est une institution divine. Il est un lien sacré et la Bible exige à ce qu'il soit honoré de tous. (Hébreux 13:4)

La femme a été créée dans le plan de Dieu pour accomplir une mission précise dans ce monde. *L'Éternel Dieu dit: « Il n'est pas bon que l'homme soit seul; je lui ferai une aide semblable à lui.*» (Genèse 2:18) Il est triste aujourd'hui de voir que pour se faire confirmer les femmes sont prêtes à utiliser n'importe quelle méthode; ou encore adhérer à n'importe quel courant des pensées. Que ça soit celle de bafouer l'autorité de l'homme dans le foyer ou encore de chercher à l'égaler. La femme ne doit pas se faire une identité imaginaire. Aussi longtemps qu'elle sera dans la course de vouloir égaler l'homme; elle va non seulement se méconnaître, mais aussi perdre sa vraie identité.

**La mère de tous les vivants**

«*Adam donna à sa femme le nom d'Eve: car elle a été la mère de tous les vivants.*» (Genèse 3:20) | *Ève, source de vie*

La femme est un des piliers de base dans le maintien de la société depuis le début de temps. Des enfants ne viennent pas au monde sans elle. Même si ça se fait 'in vitro', on aura toujours besoin de sa semence. Il n'y a pas une vraie éducation dans la famille sans la présence d'une mère. On peut tout dire, elle reste irremplaçable. Elle a une place de choix dans le foyer, sans pour autant ignorer la place et l'apport de l'homme. (1Corinthiens 11:11-12)

*Créés pour se compléter*

Dans le plan de Dieu l'homme et la femme ne sont pas créés pour s'opposer; mais plutôt pour se compléter; chacun apportant le meilleure de lui-même pour une société harmonieuse et équilibrée. La lutte de la femme contre l'injustice et le mépris portés sur sa personne est tout à fait légitime. Mais cette lutte ne doit pas renverser les valeurs le plus intrinsèques de sa personne, ou les piliers de base des relations matrimoniales. Cette lutte ne doit pas l'amener à perdre sa féminité, car dans cette féminité se trouvent les raisons même de son existence.

**Un monde en quête des modèles**

Nous vivons dans un monde en crise quant aux relations matrimoniales et aux valeurs familiales. Et d'autre part comme nous l'avons dit, les serviteurs et servantes de Dieu sont entourés d'une grande nuée des témoins qui attendent voir un modèle à suivre. C'est donc avec raison que la Bible ne permet pas à quelqu'un qui ne dirige pas bien sa propre maison de prétendre diriger l'église du Seigneur. (1Timothée 3:4-5)

Plus le monde évolue, curieusement de plus en plus les humains perdent leur dignité en embrassant des idéologies qui les éloignent des valeurs qui depuis les origines de temps régissent la société humaine. Les valeurs traditionnelles du mariage pour certains deviennent quelque chose de dépassé; et pourtant on n'aura jamais une société stable sans des familles stables.

Certaines nations qui ont cru que les enfants étaient une propriété de l'état et que l'état devait dicter leur éducation, se rendent de plus en plus compte combien, et l'état et les parents ont tous perdu le contrôle de ses petits gamins. Nous n'avons pas des leçons à faire à Dieu si non à recevoir de Lui.

L'harmonie dans la vie de l'homme et sa femme détermine ce que sera non seulement la famille, mais aussi la société toute entière. Si chrétiens que nous sommes, nous voulons imiter la façon de faire du monde, alors nous avons soit perdu la tête ou nous ne comprenons pas la valeur et la richesse de la Parole de Dieu que nous professons. La Bible dit que même la création attend avec un ardent désir la révélation des fils de Dieu. (Romains 8:19) Le monde dans lequel nous vivons veut voir des couples et familles modèles pour donner de l'espoir à cette société qui est en perte de vitesse.

**Une alliance qui dure toute la vie**

Aujourd'hui dans certains milieux un mariage sur deux finit par le divorce; et même parmi les chrétiens le divorce a pris une ampleur sans précédent. Malheureusement cette tendance commence à pénétrer dans le reste du monde. Les gens sont pressés à se marier et pressés à divorcer. Quand ils s'engagent dans ces relations ils ne sont pas prêts à écouter des conseils tentant de les mettre en garde contre des éventuels dangers. Et quand ils divorcent ils sont opposés à toute voix tentant de les raisonner ou de trouver une solution pacifique à leurs conflits. Un esprit de rébellion et d'entêtement sans précédent.

Chacun croit qu'un meilleur mari ou une meilleure femme se trouve en dehors de son foyer. MENSONGE! Je dis souvent à ceux qui veulent divorcer, que la personne que vous allez épouser après, ne sera pas 'un ange', mais toujours 'un humain', avec son lot des défauts et faiblesses. Et d'ailleurs les statistiques prouvent qu'il y a beaucoup plus des divorces parmi les divorcés remariés que parmi ceux qui sont dans leurs premières relations de mariage.

*Une alliance qui dure toute la vie*

**Autorité et Soumission**

Une des pommes de discorde dans les relations entre l'homme et la femme au foyer c'est la notion de l'autorité de l'homme et la soumission de la femme. L'autorité de l'homme sur la femme est biblique et importante pour la survie du foyer. C'est pour raison d'ordre que Dieu a placé l'homme comme chef dans le foyer. (1 Corinthiens 11:3) La notion du chef ici n'est pas celle d'un tyran, d'une personne qui fait souffrir, d'un dictateur, etc. C'est plutôt la notion d'une personne à qui incombe la responsabilité de prendre charge, de protéger, d'orienter, voire d'organiser les choses. Il est le prêtre de sa famille. Il ne dirige pas son foyer par l'imposition et la violence, mais il est lui-même soumis à Dieu, qui n'a pour la famille que des pensées de bonheur et de prospérité.

Dans Éphésiens 5:21-33, la Bible dit que Jésus est le chef de l'église, et tout en étant chef, Jésus a donné sa vie pour l'église. Il prend soin d'elle, afin de la présenter devant Dieu sans ride ni tâche. L'amour que Christ a pour l'église a fait qu'Il se sacrifie pour elle. L'amour que l'homme a pour sa femme ferait qu'il n'abuse pas de son autorité, mais bien au contraire qu'il s'en serve pour protéger, secourir et combler sa femme. Un homme qui aime sa femme

*La notion du chef et de la soumission*

ne va pas la battre des cous, la ridiculiser ou la mettre au même rang que les enfants. Bien au contraire il va pourvoir à ses besoins pour que celle-ci se soigne et soit belle. Au fait, la tache de l'homme envers sa femme est tellement délicate, que la soumission de la femme est un élément catalyseur qui l'aidera à l'accomplir.

La soumission aussi est demandée à la femme pour raison d'ordre. Ça ne fait pas d'elle une personne de moindre valeur. Au contraire par sa soumission la femme permet à ce que la paix de Dieu règne et contrôle la vie du couple.

*L'ordre établit par Dieu dans le foyer*

La soumission de la femme est une façon pour la femme de laisser Dieu être au volant de son foyer. Nous pensons parfois qu'il faut s'armer pour ne pas se laisser dominer par son mari. Savez-vous qu'il n'y a pas d'armes contre un cœur humble et soumis? L'humilité en elle-même est une arme; mais une arme pacifique et gagnante. Dans des milieux où les lois encouragent les divorces, il y a même des femmes qui battent leurs maris, qui pensent qu'elles peuvent diriger leur foyer par des moyens purement humains, intimidants et destructifs. Non. L'amour est le seul lien qui rend les relations possibles.

Pourquoi respectons-nous l'ordre établi par les

hommes dans nos lieux de travail; et ne voulons-nous pas obéir à l'ordre établi par Dieu dans le foyer? Un homme qui a une femme pour chef à son lieu de travail, respectera l'ordre établit. La femme qui a un homme comme chef à son lieu de travail respectera ce dernier. Mais quand ces deux personnes se retrouvent sous un même toit ils ne sont pas prêts à obéir à l'ordre établi par Dieu dans le foyer. Quant à leur nature l'homme et la femme sont semblables; mais quand à leur relation dans le foyer la Bible dit que l'homme est le chef de la femme. Il n'y a que des hommes dépourvus de sens qui croiraient que l'autorité de l'homme est une licence pour nuire à la femme, et il n'y a que des femmes dépourvues de sens qui croiraient que la soumission de la femme est une position de faiblesse d'où elles doivent s'armer pour combattre l'homme. Les mouvements de défense des droits des femmes font un grand travail pour le bien des femmes dans le monde; mais ils ne doivent pas remettre en question l'ordre que Dieu a établi dans le foyer. La soumission de la femme ne l'aliène pas de ses droits le plus légitimes. D'ailleurs Dieu est le meilleur défenseur des droits de la femme, des droits des veuves, des droits des orphelins, bref, des faibles. Si ceux-là qui défendent certains droits des femmes ne croient ni en Dieu, ni en sa Parole, ils n'ont donc rien à nous enseigner quant à notre foi et notre obéissance à Dieu et à sa Parole.

Le divorce est une gangrène, un coup mortel, un assassinat lent mais sûr de la société. Certains parents pensent qu'ils le font pour le bien de leurs enfants, oubliant que ces derniers deviennent vulnérables, vivant à cheval entre papa et maman, qui chacun de son coté en fait une arme contre l'autre. Ils entendent chaque parent décrire les fautes de l'autre, chose qu'ils ne devaient pas dans leur mémoire d'enfant entendre. S'ils n'obtempèrent pas au désir d'un des parents ils sont mis dans la liste noire et pourtant ces innocents devaient avoir un même amour pour les deux parents. Au fait, ils deviennent non seulement victimes mais surtout le terrain de bataille de ces parents qui n'ont pas voulu la voie de la paix et la patience, mais qui de façon égoïste ont mis fin à leur relation. Beaucoup des révoltes parmi les jeunes ne sont rien d'autres que des réactions ayant comme source lointaine la séparation des parents. L'argent à lui seul ne bâtit pas la vie d'un enfant; mais un foyer uni, même avec peu des moyens fera de l'enfant la personne équilibrée que cette société a besoin.

*Le divorce déstabilise les enfants et la société*

*«Femmes, soyez soumises à vos maris, **comme** au Seigneur.»*

«*Le mari est le chef de la femme, **comme** Christ est le chef de l'Église.*»
Remarquez les '*comme*' dans ce passage biblique.
SI DANS LE FOYER LA FEMME DEVAIT LE FAIRE '**COMME AU SEIGNEUR**' ET L'HOMME '**COMME CHRIST**' CELA ÉVITERAI TOUTE POMME DE DISCORDE.

«***Femmes***, *soyez soumises à vos maris, comme au Seigneur;* 23 *car le mari est le chef de la femme, comme Christ est le chef de l'Église, qui est son corps, et dont il est le Sauveur.* 24 *Or, de même que l'Église est soumise à Christ, les femmes aussi doivent l'être à leurs maris en toutes choses.* 25 ***Maris***, *aimez vos femmes, comme Christ a aimé l'Église, et s'est livré lui-même pour elle,* 26 *afin de la sanctifier par la parole, après l'avoir purifiée par le baptême d'eau,* 27 *afin de faire paraître devant lui cette Église glorieuse, sans tache, ni ride, ni rien de semblable, mais sainte et irrépréhensible.* 28 *C'est ainsi que les maris doivent aimer leurs femmes comme leurs propres corps. Celui qui aime sa femme s'aime lui-même.* 29 *Car jamais personne n'a haï sa propre chair; mais il la nourrit et en prend soin, comme Christ le fait pour l'Église,*» (Éphésiens 5:22-29; Mathieu 28:1-8; Hébreux 13:4)

## Le manque des ainés de référence

Quand une personne a grandi dans un foyer instable, et n'a vu autour d'elle que des foyers à problème, il lui sera difficile d'imaginer un autre modèle de foyer. C'est pourquoi la notion du parrainage est importante; avoir des ainés qui sont un bon modèle de foyer et qui peuvent rester un défi pour son couple. Une raison en plus pour ne pas se faire entourer des personnes problématiques ou qui ont échouées, mais de tendre la main vers ceux qui ont réussis, même s'ils ont encore quelques manquements et du chemin à parcourir. Il n'est pas étonnant qu'on ressemble aux personnes qu'on a toujours côtoyées. L'Être humain est très influençable. Ce qu'il voit et entend l'influence au plus haut point.

*Se faire entourer des personnes modèles*

C'est au couple de choisir les amis et les fréquentations qui aideraient à l'épanouissement de leur relation. Si vous côtoyez des personnes qui se plaignent toujours de leurs conjoints, qui vous répètent combien elles seront prêtes à les quitter au cas où les choses ne changeaient pas; quelques soient vos convictions antérieures, vous vous rendrez compte que vous commencerez à adhérer à cette façon de voir les choses. Tous ceux à qui nous laissons la liberté de nous parler influence notre vie. Que cela soit dans la vie courante ou dans les medias. Un membre dont le pasteur est débauché a beaucoup de chance de se retrouver dans ses traces. Le grand avantage que nous avons dans la vie, est que les amis ne nous sont jamais imposés, nous les choisissons de notre gré. Un homme de Dieu a dit: « Montre-moi tes amis et je te dirai ce que tu deviendras.»

Le respect mutuel est une preuve d'amour dans le foyer. La Bible nous exhorte d'exclure de nos discours, toute parole grossière. *«Que votre parole soit toujours accompagnée de grâce, assaisonnée de sel, afin que vous sachiez comment il faut répondre à chacun. »* (Colossiens 4:4-6) Les paroles ont un pouvoir; les paroles créent.
L'amour n'est pas un acquis dans le foyer, l'amour peut croitre ou diminuer. Il ne croit pas seulement quand tout va bien, il croit aussi quand on traverse des difficultés ensemble. Les personnes qui s'aiment doivent s'activer à rallumer le feu de leur amour. L'amour a besoin d'être nourri, pas par des choses compliquées, mais par les mêmes simples actes que les conjoints avaient posés pour s'attirer l'un et l'autre au début de leur relation. La Bible dit qu'il n'y a pas de honte dans l'amour; et je dirai qu'il n'y a pas aussi de vieillesse dans l'amour. Les époux continueront à s'aimer comme aux jours de leur adolescence, à poser des actes et se dire des belles

paroles comme à l'époque de leurs premières rencontres. Chacun est appelé à apporter le meilleur de lui-même pour faire du foyer le lieu où on aimerait passer le plus de son temps.

**Honorer le mariage:**
*«Que le mariage soit honoré de tous, et le lit conjugal exempt de souillure, car Dieu jugera les impudiques et les adultères.»* Dieu avait raison de dire: *«il n'est pas bon que l'homme soit seul, je lui ferai une aide semblable à lui.»* Oui, Dieu nous a créés homme et femme pour vivre dans une complicité et une complémentarité profonde. Le lien du mariage est digne d'être honoré car il est bénéfique, sacré et divin; représentant la relation du Christ et Son corps qui est l'Église.

Honorer le mariage:
- C'est d'abord faire son choix de mariage selon la volonté de Dieu
- C'est aussi vivre des fiançailles pures, loin de l'impudicité ou des pratiques mondaines.
- C'est donner de la valeur à la préparation et la cérémonie de la bénédiction nuptiale proprement dite. Ne pas l'expédier en quinze, trente minutes, pour aller passer quatre à six heures dans une salle de fête.
- C'est faire à ce que Jésus soit le seul trait d'union entre les époux.

- C'est faire de son mieux pour que la flamme de l'amour ne s'éteigne pas dans le foyer.
- C'est être le plus proche possible de son conjoint
- C'est privilégier les intérêts du couple aux intérêts personnels
- C'est chercher l'aide quand c'est nécessaire, sans attendre qu'il ne soit trop tard.
- C'est vivre en totale harmonie et dans la fidélité avec son époux ou épouse.
- C'est rester fidèle à Dieu, car sa relation verticale (avec Dieu), déterminera sa relation horizontale (avec son conjoint).

L'infidélité est condamnable par Dieu, car elle souille le lit conjugal, quelques soient ses formes: le flirt, l'impudicité, la pornographie, l'adultère, la pédophilie, etc.
Aimer, honorer et soigner son /sa partenaire c'est s'aimer, s'honorer et se soigner soi-même. C'est rester fidèle et se garder de toute forme d'infidélité.

## Être aussi occupée aux soins domestiques

*«Dis que les femmes âgées doivent aussi avoir l'extérieur qui convient à la sainteté, n'être ni médisantes, ni adonnées au vin; qu'elles doivent donner de bonnes instructions, dans le but d'apprendre aux jeunes femmes à aimer leurs maris et leurs enfants, à être retenues, chastes,* **occupées aux soins**

***domestiques**, bonnes, soumises à leurs maris, afin que la parole de Dieu ne soit pas blasphémée.»* (Tite 2:3-5)

La servante de Dieu est une femme vertueuse. La mère du Roi Lemuel décrit cette femme dans Proverbe 31 comme étant:
- une femme rare, une femme qui a plus de valeur que les perles.
- Une femme différente de celles qui détournent les leaders du droit chemin,
- Une femme qui établit une confiance dans sa relation avec son mari.
- Une femme qui sait tenir son ménage,
- Une femme qui vit en parfaite harmonie avec son mari, tous les jours de sa vie.
- Une femme qui éduque bien ses enfants et crée une atmosphère d'amour dans sa maison
- Une femme organisée et travailleuse, qui contribue au bien-être de son foyer.
- Une femme qui a plusieurs sources des revenus.
- Une femme sentinelle pour sa maison, elle se réveille avant tout le monde, elle prie pour sa maison. Elle veille sur ce qui se passe dans sa maison et reste maître de son ménage; distribuant les taches de la journée.

- Une femme qui travaille de ses propres mains.
- Une femme qui sait préparer et qui ne se dérobe pas du devoir de préparer la nourriture pour sa maison.
- Une femme qui garde sa maison propre et présentable
- Une femme qui tend la main aux malheureux et aux indigents
- Une femme qui fait respecter son mari dans la ville.

## Chapitre IV
## *Elle est une mère*

Toute femme est une mère. Être mère n'est pas d'abord lié au fait d'avoir des enfants; c'est la nature même de la femme. Elle est créée comme une mère non seulement dans son anatomie mais aussi dans son cœur. Dieu a mis en elle des capacités pouvant l'aider à mener à bien cette tâche combien délicat. Elle est le genre des personnes qui posent les mêmes actes encore et encore sans en être dégouté. Sa vie dans la maison semble routinière mais c'est dans cette façon de faire que se trouve sa force; qui fait qu'elle influence des générations. Il n'y a personne qui, ayant grandi à côté d'une mère, ne porte pas en lui l'influence de cette dernière.

*Mère et femme d'influence*

Lemuel quoique roi, avait encore les souvenirs des paroles de sa mère; paroles par lesquelles elle l'avait instruit sans doute quand il grandissait. *«Paroles du roi Lemuel. Sentences par lesquelles sa mère l'instruisit. Que te dirai-je, mon fils? que te dirai-je, fils de mes entrailles? Que te dirai-je, mon fils, objet de mes vœux? Ne livre pas ta vigueur aux femmes, Et tes voies à celles qui perdent les rois. Ce n'est point aux rois, Lemuel, Ce n'est point aux rois de boire du vin, Ni aux princes de rechercher des liqueurs fortes, De peur qu'en buvant ils n'oublient la loi, Et ne*

*méconnaissent les droits de tous les malheureux... »
(Proverbes 31:1-5)*

Le message sur la femme vertueuse de Proverbes 31 est bel et bien le résumé des instructions d'une mère à son fils qu'elle aime et qu'elle veut voir réussir dans son travail et sa vie de famille. Cette mère peut être petite ou grande de taille; elle peut être noire, blanche, ou de quelle autre race, instruite ou illettrée, mais si elle porte dans ses bras un enfant, elle laissera toujours des traces indélébiles (en bien ou en mal) dans la vie de ce dernier.

Quelques soient les responsabilités de la servante de Dieu, pour celle qui est mariée, elle est d'abord une épouse, ensuite une mère et enfin servante de Dieu. Elle ne va pas négliger son mari sous prétexte de donner son temps aux enfants et au ministère; ni négliger ses enfants pour faire l'œuvre de Dieu. La bonne communion entre les parents fera que la famille vive dans une quiétude totale. Et dans cette ambiance les deux parents pourront aussi assurer une bonne éducation à leurs enfants. La famille reste la première église pour tout enfant de Dieu; c'est pourquoi la Bible dit que si quelqu'un ne dirige pas bien sa propre maison, il ne doit pas non plus diriger l'église de Dieu. (1 Timothée 3:4-5)

*La famille est la première église*

Tout enfant est comme une page vierge sur laquelle les parents écrivent ce qu'ils veulent. Pour le peuple de Dieu, ce n'est pas seulement un honneur mais une grande responsabilité que Dieu leur donne de transmettre ses lois aux enfants et aux générations futures. Parlant à Israël Moïse dit: « *Voici les commandements, les lois et les ordonnances que l'Éternel, votre Dieu, a commandé de vous enseigner, ... toi, ton fils, et le fils de ton fils... Et ces commandements, que je te donne aujourd'hui, seront dans ton cœur. Tu les inculqueras à tes enfants, et tu en parleras quand tu seras dans ta maison, quand tu iras en voyage, quand tu te coucheras et quand tu te lèveras.* » (Deutéronome 6:1-7)

*Un enfant est une page vierge*

Dans la pensée de Dieu, chaque génération a une responsabilité sur les générations futures; sans quoi on peut voir se lever toute une génération qui ne connait pas les voies de Dieu. Après la mort de Josué la Bible dit: «*Toute cette génération fut recueillie auprès de ses pères, et il s'éleva après elle une autre génération, qui ne connaissait point l'Éternel, ni ce qu'il avait fait en faveur d'Israël.*» (Juges 2:10)

Un parent, et en particulier la mère, est comme une bouche 'd'or' pour ses enfants. A moins qu'elle abuse de son autorité, les paroles d'une mère sont crues par ses enfants comme on croirait les paroles de l'Évangile. La Bible a raison de dire: *«Instruis l'enfant selon la voie qu'il doit suivre; Et quand il sera vieux, il ne s'en détournera pas.»* (Proverbes 22:6) La mère tombe souvent dans le piège de croire qu'elle a encore beaucoup de temps avant d'enseigner les voies de Dieu et la discipline à son enfant. Il suffit juste de très peu d'années pour qu'elle se rende compte que 'le petit gamin' a déjà grandi et a enregistré mille et une choses, qui sans doute deviennent difficiles à enlever ou corriger. N'hésitons pas d'instruire l'enfant dès la petite enfance; ces choses qu'il aura entendues ou apprises, l'accompagneront pour le reste de sa vie. Toutes les mères corrigent les enfants, mais très peu les instruisent avant que les fautes ne soient commises. Ou encore beaucoup des mères n'instruisent l'enfant que quand il y a une faute. L'instruction devait précéder la correction. Et la punition ou la correction serait une façon de dire à l'enfant qu'il n'a pas suivi l'instruction, et une occasion pour rappeler l'instruction. Le temps de l'instruction est un moment de joie, d'une communion profonde entre la mère et l'enfant; un moment où l'on donne déjà l'information à l'enfant. Un temps où on peut expliquer le bien-fondé de ce qu'on lui demande de faire ou de ne pas faire. Une

> *L'instruction devait précéder la correction*

meilleure façon de corriger l'enfant c'est de rappeler l'instruction, pour qu'il comprenne aussi la raison d'être de la correction ou de la punition.

**Influencés par nos paroles**

Les parents veilleront sur leurs paroles parce qu'elles auront une influence négative ou positive sur leurs enfants. Les enfants qui reçoivent souvent de leurs parents des compliments ou des paroles qui relèvent leurs qualités et point forts, finissent par avoir une image très positive d'eux-mêmes.

*La puissance de vos paroles*

J'ai observé un bien aimé à maintes reprises et j'ai remarqué qu'il avait toujours une coiffure différente... A ma question de savoir pourquoi il se coiffait de la sorte, le frère m'a dit: « C'est parce que depuis mon enfance on m'a toujours dit que mes oreilles étaient trop larges. Alors je me coiffe de manière à les cacher.» J'étais brisée au dedans de moi à l'entendre. Quoique qu'ayant terminés ses études universitaires ce frère continuait à croire aux paroles négatives qui lui ont été dites à la petite enfance. Quel pouvoir une mère a sur sa langue? Quelles paroles prononces-t-elle à ses enfants? Une amie a dit à une fillette de cinq ans :"Tu es très gentille!" La petite fille a rétorqué sans attendre: "Merci, mais on me dit que je ne suis pas gentille." Allez-y comprendre.

Beaucoup d'enfants ont en eux des tares causées par des mauvaises paroles que les parents ou autres adultes ont prononcées sur eux. Les parents ou les adultes autour des enfants, devaient être comme la bouche de Dieu, prêt à communiquer ses grâces. La Bible demande à ce que nos paroles soient douces et constructives. (Colossiens 4:6) Des paroles qui bénissent, qui élèvent, qui encouragent et donnent de l'espérance.

*Mère et enfant, Une relation d'amour*

## Une relation d'amour

C'est la volonté de Dieu que la relation d'une mère avec son enfant soit une relation d'amour. Quelques soient les bonnes intentions, on ne peut pas réussir à transmettre une bonne éducation sans amour. La mère du Roi Lemuel, parlant à son fils a dit: *"Que te dirai-je mon fils, fils de mes entrailles… Mon fils, objet de mes vœux. (prov.31:1)"* A entendre ses paroles vous découvrez une relation d'amour, une communion profonde qu'il y a entre cette mère et son fils. Elle n'a pas honte de l'appeler « mon fils, fils de mes entrailles ». Un parent ne devait pas avoir honte de dire à son enfant : « Je t'aime mon fils/ma fille ». Avant je croyais que c'était seulement en Afrique qu'on trouvait des parents incapables de dire à leur enfant: « je t'aime ». Mais aujourd'hui en Occident je rencontre plusieurs personnes, qui en racontant leur histoire se plaignent d'une vie de famille où

*Une influence incontestable.*

leur père ou mère ne leur avaient jamais dit: « Je t'aime». Le langage d'amour est le trait d'union dans le couple, dans la famille restreinte comme élargie, dans l'église, et dans la société.

Quand après l'accouchement une mère tient son petit bébé dans ses bras ; elle a en même temps le pouvoir d'en faire ce qu'elle veut. Il est vrai qu'un enfant nait déjà avec une certaine volonté, mais c'est la mère, les parents, et son entourage qui vont tailler en bien ou en mal cette volonté. Ils ont une influence incontestable sur ce que cet enfant va devenir. Ce n'est pas de la métaphysique, pour dire que les enfants deviennent totalement ce que les parents veulent. Il est possible que certains enfants ne marchent pas selon les voies de leurs parents, mais il est sans contredit que les enfants reproduisent le modèle qu'ils ont vu dans leur entourage, et plus précisément chez leurs parents.

*Les enfants, sont des grands observateurs*

### Des vrais observateurs

Les enfants n'apprennent pas seulement par ce que vous leurs dites; mais bien plus aussi par ce qu'ils vous voient faire. Ce que vous faites reste dans leur subconscient et ils vont le reproduire sans effort. Dans un foyer où les parents n'ont pas de respect l'un pour l'autre, les enfants vont sans le vouloir copier ce comportement comme étant une façon d'être. Une mère ou un père qui divorce son partenaire; envoie un message silencieux à ses enfants pour dire: « Le jour où vous en aurez marre, voilà la voie de sortie». Ne sois pas un parent qui dit une chose, mais pratique une autre. Quand ils te voient toujours mentir ou même les pousser à mentir aux autres, tes leçons de morale n'auront pas d'impact sur eux. Même si tu ne peux pas changer le monde, mais du moins tu peux avoir de l'influence sur tes propres enfants.

Les enfants ne sont pas dupes. Ils sont des grands observateurs; ils peuvent par un simple comportement des parents saisir un message, savoir s'ils sont aimés ou pas, et si les parents aussi s'aiment entre eux ou pas. Il n'y a pas que les parents qui étudient les enfants; les enfants de leur côté font de même sur leurs parents. C'est pourquoi ils sont capables de découvrir lequel des parents est facile à aborder pour faire passer leurs requêtes.

Je posai la question à un jeune garçon de passage chez nous un matin, pour savoir comment ses parents allaient; je m'attendais à une réponse conventionnelle du genre «Ils vont bien !». Mais voici la réponse du jeune homme: « Mon père et ma mère ne sont jamais en paix. Ils passent leur temps à toujours discuter; depuis que je suis enfant ils se disputent sur les mêmes choses et je commence à en avoir marre. C'est comme si on ne vivra plus jamais en paix... » C'était comme si j'avais reçu une douche froide. Je devais rapidement me reconstituer pour savoir quelle parole d'encouragement donner à ce garçon dont les parents ne sont pas seulement chrétiens, mais aussi serviteurs de Dieu...

Sais-tu que tes enfants étudient ton comportement et font même des analyses pour savoir quel genre des personnes tu es? Sais-tu qu'ils sont des personnes probables qui parleront de toi dans le futur? Quand tu seras vieille ou quand tu ne seras plus et que tu ne n'auras aucun pouvoir de leur mettre les paroles dans la bouche; ils le feront selon leur entendement.

**L'amour n'exclut pas la discipline**

L'amour n'exclut pas la discipline; il faut qu'il y ait équilibre entre les deux. Les deux éléments doivent être pris en considération; sans que l'un domine sur l'autre. La Bible dit: *«Châtie ton fils, car il y a encore de l'espérance; mais ne désire point de le faire mourir.» (Proverbe 19:18)*

Il est souvent difficile d'éduquer les enfants quand les parents ont des divergences d'opinions quant au genre d'éducation à adopter. Par exemple, il y a un parent qui ne parle qu'en termes de discipline et un autre qui ne parle qu'en termes d'amour.

La crainte de Dieu n'est pas un gène héréditaire, c'est aux parents de l'apprendre à leurs enfants. Plusieurs ont commis la faute de croire qu'étant chrétiens ou serviteurs de Dieu; leurs enfants seraient automatiquement des chrétiens. Malheureusement ce n'est pas ce qui arrive. La Bible exhorte les parents à enseigner les voies de Dieu à leurs enfants, pour que devenus grand, ils s'en souviennent et ne s'en détournent pas. (Proverbes 22: 6) Aimer l'enfant ne signifie pas le livrer à lui-même. Tout enfant a besoin d'être redressé, réprimé, voir puni. La Bible dit que*: « La folie est attachée au cœur de l'enfant, la verge de la correction l'éloignera de lui. »(Proverbes 22: 15)*

**Disposez du temps pour vos enfants**

Un des éléments qui aidera à tisser cette relation parents-enfants est le temps que les parents disposent pour leurs enfants. Le plus les gens passent du temps ensemble, le plus ils se connaissent, leur affinité s'accroit, et de plus en plus ils s'aiment. Passer son temps en famille avec les enfants n'est pas un temps perdu; c'est une semence qui produira inévitablement des fruits. Les enfants qui découvrent que leurs parents n'ont pas du temps pour eux, se taillent eux-mêmes leur chemin et développent une attitude d'indépendance.

*Disposez du temps pour les enfants*

Quelques soient les occupations du serviteur ou de la servante de Dieu, leur famille reste leur première église. La fille d'un pasteur a dit un jour: « *Si tout ne marche pas à la maison, c'est parce que papa est toujours parti.* » Une autre a dit: « Notre Papa ne nous appartient pas... ». Quelques soient les occupations, il est souhaitable qu'un parent passe du temps avec ses enfants, à les écouter, à jouer avec eux, à se promener ensemble (dans le quartier, dans un parc, ou quelques autres lieux, etc.). Le temps passé avec les enfants reste bénéfique et un investissement incalculable dans leurs vies.

**La place des medias sociaux**

Les medias sociaux aujourd'hui se tiennent aussi comme une barrière dans la communion des personnes dans la société; et nos familles ne sont pas épargnées. Il est fréquent de trouver des membres d'une famille assis dans leur salon, avec la télévision ouverte, mais chacun plongé dans son téléphone communiquant avec des amis virtuels. Des couples qui passent leurs soirées ensemble mais dans le silence, parce que chacun est captivé par des nouvelles et des amis virtuels, en négligeant les personnes les plus proches de leurs vies. La discipline dans l'usage de nos téléphones et autres gadgets aidera la famille à passer des moments de communion profonde.

> *Les medias sociaux ne sont pas leurs parents*

*Deuxième Partie:*

# La vie spirituelle d'une servante

*Une femme ministre est l'envoyée et la bouche de Dieu. Dieu compte sur elle pour son œuvre et pour la moisson des âmes. Pour Dieu c'est d'abord l'état spirituel de cette servante qui le préoccupe; parce qu'elle ne pourra être efficace que dans la mesure où elle même serait dépendant de son Maître (Jésus-Christ). C'est à ce niveau qu'elle sera classée devant Dieu comme un vase d'honneur ou un vase à usage vil.*

«Dans une grande maison, il n'y a pas seulement des vases d'or et d'argent, mais il y en a aussi de bois et de terre; les uns sont des vases d'honneur, et les autres sont d'un usage vil. Si donc quelqu'un se conserve pur, en s'abstenant de ces choses, il sera un vase d'honneur, sanctifié, utile à son maître, propre à toute bonne œuvre.» (1 Timothée 3:20-21)

*Toutes les exigences de la vie chrétienne s'appliquent aussi à elle.*

## CHAPITRE V
# *Marcher avec son Maître*

**La croissance personnelle: une priorité**

On ne doit pas servir le Seigneur sans avoir au préalable une relation personnelle avec Lui. Nous avons aussi dit que la conversion au Seigneur ou la nouvelle naissance reste le point de départ avant tout service que l'on peut vouloir rendre à Dieu. A cela

*Se laisser transformer au quotidien*

s'ajoute la marche avec Dieu, ou la relation de tous les jours, qui façonnent la vie de tout celui qui s'approche de Lui.

Toute personne appelée au ministère, reste d'abord un croyant et un disciple. Elle vivra dans une communion permanente avec son Seigneur et va se ressourcer pour lui même avant de penser aux autres. Sa propre croissance spirituelle doit être prioritaire et c'est ce qui la mettra en meilleure position de servir. Nous ne faisons pas l'œuvre de

Dieu pour impressionner ou prétendre ce qu'on n'est pas. Nous nous laissons transformer au quotidien par le Maître, pour être des instruments dignes entre Ses mains, afin d'accomplir Ses desseins.

**Passer du temps aux pieds du Maître**

Le plus grand travail que le Seigneur a à faire, ce n'est pas au travers de nous, mais d'abord en nous. Le plus nous laisserons le Seigneur prendre place dans notre vie, le plus nous serons des instruments puissants entre ses mains. Le plus de temps que nous passerons aux pieds du Maître, le plus nous bâtirons un travail dont l'impact touchera l'éternité. La Bible classifie Les matériaux avec lequel nous bâtissons l'œuvre de Dieu en deux catégories:

*Demeurer aux pieds du Maître*

-ceux qui bâtissent avec la paille, le chaume, le bois ou le foin, c.à.d. avec la facilité, le péché, le compromis, la négligence, etc...
-d'autres qui le font avec l'or, l'argent, les pierres précieuses; ce qui veut dire: le sacrifice, l'intégrité, l'investissement du temps, des moyens, etc. (1 Corinthiens 3:10-15)

Nous sommes comme ces serviteurs dans la parabole de Jésus à qui le maître a donné des talents à faire valoir. Que faisons-nous de ces talents ? A quelle vitesse le multiplions-nous ?

**L'expérience ne s'acquiert pas en une nuit**

Acquérir l'expérience en tant que servante de Dieu est un travail de longue haleine. L'expérience ne s'acquiert pas en une nuit, quelque soit la décision. Elle est le fruit des longues heures et années de travail. Elle n'est pas la motivation première de celui qui s'y engage, mais une suite logique résultant de ses heures de labeur. Elle est le fruit des situations positives et négatives, des réussites comme des échecs. Il n' y a pas que les réussîtes qui façonnent une vie; les échecs et les difficultés jouent aussi un rôle important. Job dit à Dieu «Mon oreille avait entendu parler de toi, mais maintenant mon œil t'a vu.» (Job 42:5) Les circonstances difficiles que Job a traversées lui ont révélées une autre dimension de Dieu. Les moments d'épreuve semblent toujours négatifs, mais si on y reste fidèle, ils nous amènent dans une nouvelle dimension de relation avec Dieu.

Mon mari et moi, nous avons eu à traverser des moments, voir des années d'épreuves. Et chaque fois à la fin de ces années je lève mes mains en l'air comme quelqu'un qui traversait la ligne d'arrivée d'une course et regardant en arrière, je dis : « Gloire

*Longues heures et années de travail*

à Dieu ! Gloire à Dieu ! Gloire à Dieu !» Me rappelant les moments durs, les peines, les humiliations, ... mais en même temps soulagée de savoir que nous avons tenu bon et sommes prêts pour une nouvelle expérience. Le piège de l'ennemi c'est d'amener chaque enfant de Dieu à croire qu'il est le seul à traverser des épreuves ou des moments difficiles et à s'apitoyer sur son sort. Dieu reste fidèle et ce qui nous arrive ne lui échappe pas:

*«Bien-aimés, ne soyez pas surpris, comme d'une chose étrange qui vous arrive, de la fournaise qui est au milieu de vous pour vous éprouver. Réjouissez-vous, au contraire, de la part que vous avez aux souffrances de Christ, afin que vous soyez aussi dans la joie et dans l'allégresse lorsque sa gloire apparaîtra.»* (1Pierre 4:12-13)

## Principes et exercices de la croissance

Nous sommes d'abord croyants, frères et sœurs en Christ, avant d'être serviteur ou servante de Dieu; et tous les principes et exigences de la vie chrétienne s'appliquent aussi à nous.

Les principes de la croissance chrétienne restent les mêmes quelques soient les années que quelqu'un peut avoir dans la foi:
- la méditation de la Parole,
- la vie de prière,
- la communion fraternelle,
- le témoignage chrétien.

## CHAPITRE VI

## *Se nourrir de la Parole*

La méditation de la parole reste la voie par laquelle le croyant se nourrit spirituellement. Elle équipe le chrétien à connaître ce qu'il croit et à en parler sans équivoque. Personne n'aura atteint le niveau de croissance maximale aussi longtemps qu'on sera dans ce corps. Nous aurons toujours besoins de nous ressourcer jusqu'au jour où nous verrons le Seigneur face à face.

Paul s'adressant aux Corinthiens dit : « *Frère en ce qui concerne les dons spirituels je ne veux pas que vous soyez ignorants...* » (1Corinthiens 12:1) Nous pouvons par analogie dire qu'on peut être chrétien et être ignorant des certaines choses. D'ou la nécessité de demeurer enseignable. L'Apôtre Pierre dans sa deuxième Épitre dit: « *A cause de cela même, faites tous vos efforts pour joindre à votre foi la vertu, à la vertu la science, à la science la tempérance, à la tempérance la patience, à la patience la piété, à la piété l'amour fraternel, à l'amour fraternel la charité...* » (2 Pierre 1:5-7) Ceci veut dire qu'il y a un travail à faire, un effort à fournir. Dieu ne lira pas la parole à notre place ; c'est notre devoir de le faire. La Bible étant notre manuel de travail, nous devons la lire jour et nuit, connaître son message, être capable de le proclamer et au besoin même le défendre. Il a recommandé aux enfants d'Israël de la lire dans toutes les circonstances de la vie; c'est-à-dire en voyage, à la maison, au réveil, au coucher, etc.

### La Bible sur des supports mobiles

Il y a deux ou trois décennies passées, la Bible n'était disponible que dans les rayons de nos livres, à notre chevet et pour les lecteurs les plus chevronnés, dans nos sacs. Aujourd'hui elle est disponible partout et sous toutes les formes. Elle est dans nos voitures, nos poches, et même sur nos pommes des mains. Il suffit d'un 'click' pour y accéder. Malgré qu'elle soit toute proche de nous, une chose reste encore à faire: c'est la discipline pour que nous puissions la lire, l'entendre et la méditer.

*La Bible est disponible*

### Quelle connaissance d'abord ?

Il est triste de constater qu'il y a des personnes qui passent leur temps à vouloir connaître le monde de ténèbres qu'à lire les

Ecritures et connaître l'objet même de leur foi. Ils connaissent toutes sortes des démons et parlent toujours du monde des ténèbres,

*Maîtrisons Les Saintes Écritures*

mais n'ont pas une relation profonde avec le Saintes Ecritures. Si un gouvernement utilise les dollars et met en place une équipe des agents qui doivent détecter les faux dollars, leur première préoccupation ne sera pas d'aller connaître et étudier tous les faux billets qui sont en circulation. Ils chercheront d'abord à connaître les vrais billets du dollar (par la vue et le toucher), et quand ils l'auront maitrisé alors ils seront capables de détecter tout faux billet qui passera entre leurs mains.

Maîtrisons la Parole de Dieu au lieu de nous laisser instruire par ceux qui prétendent connaître ou avoir été dans le monde occulte et veulent l'enseigner. Et d'ailleurs ces enseignements ne donnent jamais la foi, bien au contraire ils suscitent la peur et l'insécurité. Des milliers des chrétiens sont passionnés d'écouter des témoignages des anciens magiciens ou occultistes, que de suivre des enseignements par exemple sur la doctrine chrétienne. Ils pensent malheureusement qu'acquérir ces connaissances sur le monde de ténèbres ferait d'eux des chrétiens efficaces. Nous ne devons pas perdre de vue que le diable est un menteur et qu'il ne se tient jamais dans la vérité. L'Ancien magicien, aussi honnête soit-il ne racontera que les mensonges que le diable lui a fait croire pendant son égarement... Tout ce que l'église devrait faire c'est de demander à ce bien-aimé de se taire, de se laisser instruire dans les Saintes Écritures, pour enfin prêcher les Saintes Écritures.

*Aimer Dieu, c'est aimer sa Parole*

**La foi vient de la Parole de Christ**

Seule la Parole de Dieu donne la foi; car la foi vient de ce qu'on entend de la Parole de Dieu. Le diable empêchera toujours les enfants de Dieu de lire la Parole de Dieu parce qu'il sait que s'ils la lisent, ils connaîtront la vérité et ils seront désormais affranchis.

Nous ne pouvons pas prétendre aimer Dieu sans aimer Sa parole. Nous ne pouvons pas désirer voir Dieu, sans le chercher dans Sa parole. La Parole de Dieu est la révélation parfaite de Dieu. Elle nous enseigne et nous révèle tout sur Dieu. Pour mieux communier avec Dieu, nous devons mieux Le connaître dans Sa parole. Pour mieux prier nous devons prier selon la Parole de Dieu. Pour voir des vies transformées dans notre ministère, nous devons prêcher la Parole de Dieu et non la philosophie ou les traditions des hommes.

La Bible n'est pas un livre de biologie ou de philosophie, qui après un certain nombre d'années doit être revue. Écrit pendant une période de plus au moins mille cinq cent ans, par des auteurs qui ne s'étaient pas mis ensemble pour se concerter, la Bible reste le seul livre dont le contenu reste d'actualité au travers des siècles et dont tous les hauteurs malgré leurs époques, n'ont fait que confirmer et pointer vers la même direction: « Le Christ». Parlant soit de sa venue, de sa vie ou de son retour. Elle est un miracle dans nos mains et une puissance incalculable dans nos prédications. Équipons-nous et faisons de cette Parole le centre du message que nous annonçons.

## La Bible, notre manuel de travail

Pour la servante de Dieu la parole de Dieu reste sa nourriture et son manuel de travail. Elle donnera son temps à la lire d'abord pour elle-même, la maîtriser et être à mesure de la transmettre. Paul exhortant Timothée à améliorer sa prestation dit: *«Jusqu'à ce que je vienne, applique-toi à la lecture, à l'exhortation, à l'enseignement... Occupe-toi de ces choses, donne-toi tout entier à elles, afin que tes progrès soient évidents pour tous. »* (1Timothée 4:13,15)

*Une lecture journalière et assidue des Écritures*

On ne saura pas exhorter ou enseigner si soi-même on a rien. L'expression « Applique-toi» implique un travail assidu, une attention soutenue, mais aussi une organisation. Chacun devait s'organiser à donner quelques heures ou minutes de sa journée à écouter Dieu dans sa Parole. Pour n'aucun plaisir au monde le diable nous laissera la liberté de lire les Ecritures; parce qu'il sait qu'elles dévoilent ses manœuvres et pièges. La simple lecture de la Parole est une victoire sur l'ennemi. La solution et les réponses à nos questions se trouvent dans la Parole de Dieu. La lecture journalière et assidue des Écritures vous mettra en meilleure position, d'être suffisamment équipés pour nourrir les autres. Beaucoup d'hérésies et fausses doctrines naissent aussi quand un leader se retrouve coincé devant le besoin des membres désireux de connaître sur des choses que lui même ne maîtrise pas. Pour ne pas paraître ignorant, il se permet de dire n'importe quoi.

Il est curieux de constater que l'ignorance va toujours de paire avec l'orgueil. Les personnes qui ont moins des connaissances sont toujours prêtes à prétendre tout connaître et pourtant celles qui ont des grandes connaissances sont même prêtes à admettre qu'il y a des textes difficiles dans les écritures par exemple. Avoir une grande onction du Saint-Esprit ne vous exempte pas de lire régulièrement les Saintes Écritures. Les miracles et les prodiges qui accompagnent votre ministère ne sont pas une preuve de grandes spiritualités; même les simples croyants qui s'engagent à aller témoigner leur foi peuvent opérer des miracles et des prodiges. D'ailleurs Jésus a dit que les miracles devaient accompagner tous ceux qui croient, c'est-à-dire même les membres de nos églises.

> *L'influence de vos encadreurs, pasteurs et formateurs sera très notoire dans l'exercice de votre ministère*

### Une formation systématique

Le leader ne va pas simplement lire et méditer la parole de Dieu; il doit aussi l'étudier; pour répondre au pourquoi, quand, comment dans les Ecritures. Cette base de connaissance peut aussi s'acquérir en suivant une formation systématique dans une école biblique. Le choix de l'institution où vous voulez vous faire former reste très crucial pour le maintien de votre foi et l'avenir de votre ministère. Après avoir formé plus de mille six cent pasteurs dans nos instituts bibliques, je peux me permettre de dire qu'une institution théologique peut soit détruire votre foi, soit la rallumer et vous rendre beaucoup plus efficace. L'influence de vos encadreurs, pasteurs et formateurs sera très notoire dans l'exercice de votre ministère. C'est donc impérieux que les formateurs de l'institution où vous allez soient des personnes qui aiment le Seigneur et Son œuvre.

Un professeur qui lui-même n'a jamais exercé dans le ministère n'aura malheureusement que des théories à transmettre et qui d'ailleurs dans la plupart de cas n'ont aucun impact sur terrain. Un professeur dans une école biblique a dit à un jeune étudiant, que le ministère d'Évangéliste est une chose du passé, qu'il ne s'exerce presque plus et que les évangélistes sont pauvres et misérables. Il a exhorté le jeune étudiant de devenir pasteur plutôt que de vouloir travailler comme évangéliste. Le jeune homme convaincu de son appel, lui a résisté en face et lui a dit que pour rien au monde il résisterait à l'appel de Dieu, pour se tailler un chemin contraire à la volonté de Dieu. Aujourd'hui, ce jeune évangéliste, après quelques années seulement dans le ministère, est invité dans tous les coins du monde et fait un travail incroyable.

Refuser de suivre une formation systématique peut être une faute. Accepter de suivre cette formation dans n'importe quelle institution, parce qu'on ne vise qu'à obtenir un diplôme, est aussi une faute grave. C'est pas peu de chose à vous asseoir pendant une, deux ou trois ans, à écouter des choses qui sont contraires à ce que vous croyez. L'homme, avons-nous dit précédemment, est un être très influençable. Ce que vous écoutez à répétition vous influence, ou même change totalement votre croyance. L'Apôtre Paul parlant à Timothée dit: «*Et ce que tu as entendu de moi en présence de beaucoup de témoins, confie-le à des hommes fidèles, qui soient capables de l'enseigner aussi a d'autres.*» (2Timothée 2:2) Paul transmet un enseignement véridique à Timothée et se soucie à ce que ce dernier le transmette à des personnes qui eux aussi seront fidèles à garder la bonne doctrine, pendant qu'ils la transmettront à d'autres.

La bonne doctrine n'est pas fondée sur l'expérience personnelle; elle est basée sur les Saintes Écritures, et l'expérience personnelle ne vient que pour appuyer ce qui est écrit. Paul a eu des grandes expériences personnelles et des visions, mais il n'en a pas fait une doctrine. Et d'ailleurs il en parle à la troisième personne comme s'il ne s'agissait pas de lui. Il n'a pas cherché à en tirer gloire ou à changer le message de l'évangile pour promouvoir ses propres idées. Tout ce qui est contraire à l'Évangile de Christ doit être réfuté même si cela vient d'une personne apparemment bien intentionnée. Et Paul avait raison de dire aux Galates de refuser tout message contraire à l'Évangile, même si cela venait d'un ange.

**Avoir un mentor**

A part la formation systématique et académique, faites-vous aussi former en vous attachant à un parent spirituel ou ainé dans la foi.

> *La nécessité d'être encadré par un mentor dure toute la vie.*

Cette formation reste aussi indispensable que la première, parce qu'elle touche à la pratique ou l'exercice du ministère. C'est une formation qui nous rend humble et dépendant. Elle dure toute la vie. C'est au faite une formation au travers d'une relation. C'est là qu'il y a transmission des grâces. Et là aussi, le choix du mentor est très délicat, parce qu'il influencera votre conduite, votre croyance et votre ministère.

Au-delà de tout ce qui vient d'être dit: apprenez à lire, écouter, chantez, méditer et étudier la Parole de Dieu, La Bible; parce qu'elle reste la base qui vous aidera à juger toute autre connaissance. Le Psalmiste dit: « *Ouvre mes yeux pour que je contemple les merveilles de ta loi. Combien j'aime ta loi! Elle est tout le jour l'objet de ma méditation. Tes Commandements me rendent plus sage que mes ennemis, car je les ai toujours avec moi. Je suis plus instruit que tous mes maîtres, car tes préceptes sont l'objet de ma méditation.* » (Psaumes 119:18, 97-99)

## CHAPITRE VII
## *Servir sans réserve*

« ... *Occupe-toi de ces choses, donne-toi tout entier à elles, afin que tes progrès soient évidents pour tous...*» (1Timothée 4:12-16)

De cette recommandation de Paul à Timothée, nous pouvons ressortir la notion de la consécration comme étant un deuxième exercice important pour notre croissance spirituelle et notre service pour le Maître. C'est le désir de toute personne normale de faire des progrès. Il n'y a pas des progrès sans un travail assidu. Paul exhorte Timothée à ne pas être distrait mais plutôt à être 'occupé'. Pas occupé par n'importe quoi mais par le ministère. Quand un banquier donnerait quarante heures par semaine pour son travail, combien d'heure en tant que serviteurs ou servantes de Dieu donnons-nous au ministère?

*Être consacré, c'est être mis à part pour servir le Seigneur*

Paul utilise une expression forte en disant: *«Donnes-toi tout entier à elles»*. Il ressort ici la notion de la consécration.

Étant au service du Seigneur, nous devons

permettre à Dieu de transformer notre intelligence, pour discerner sa volonté et dire non aux pratiques païennes ou religieuses qui sont contraires à la foi chrétienne. Être consacrée, c'est être mise à part pour servir le Seigneur sans réserve. C'est donner le meilleur de son temps, de sa force, de ses talents et de son savoir et avoir pour le royaume de Dieu.

**Notre vie parle plus fort que nos sermons**

La vie de tout prédicateur est la première prédication qu'il adresse au monde. Sa vie peut sembler silencieuse mais elle parle plus fort que ses sermons. La servante de Dieu ne parle pas en son propre nom; elle est une envoyée. Elle représente son Maître, d'où elle se laisse imprégner de sa pensée, et se laisse transformer à son image. Le cercle chrétien est malheureusement rempli des grands parleurs dont la vie ne reflète pas celle du Christ. Une vie bien vécue par la grâce de Dieu, attire le respect même des incroyants. Donner sa vie à Jésus est une chose, lui être consacré est une autre. La Bible dit que dans les derniers jours les gens auront l'apparence de la piété, mais renieront ce qui en fait la force. (2Timothée 3:1-5) Ca veut simplement dire qu'ils donneront l'impression de ce qu'ils ne sont pas réellement. La consécration s'exprime non seulement dans l'obéissance à la

> *Une vie bien vécue*

Parole de Dieu, mais aussi dans son investissement dans le royaume de Dieu. On peut investir de son temps, ses avoirs, ses talents et dons, et tout ce qui est à son pouvoir pour avancer le royaume de Dieu.

**Investir son temps**

Le temps est une richesse que de fois nous n'estimons pas à sa vraie valeur. *Savoir utiliser son temps* Toutes les personnes qui ont accompli des grandes œuvres ou qui ont eu du succès dans leur vie, ont simplement su utiliser le même temps que Dieu donne à tous de façon équitable. Le temps est à nous et nous en faisons ce que nous voulons. Si quelque chose prend le plus de notre temps ce que nous la jugeons être la plus importante dans notre vie. Si étant prédicateur, le ministère ne prend pas le plus de notre temps il y a à se demander si oui ou non nous voulons être efficace dans ce travail. Le temps n'est pas seulement pour se tenir devant des foules et prêcher; il devait aussi être utilisé à creuser dans la Parole de Dieu, à l'étudier, à s'informer sur ceux qui ont servis avant nous ou qui servent encore à notre époque et tirer le meilleur de leur vie. Le ministère ne commence pas avec nous ; l'histoire de ceux qui ont servis avant nous est une offre gratuite qui peut nous aider à améliorer notre rendement. Ne vivons pas dans un monde fermé, un monde imaginaire où on se croie être le premier et le dernier. Dieu n'a pas encore cessé d'appeler au ministère. Si le Seigneur tarde encore à venir, Il continuera à appeler des hommes et des femmes à son service ; et si ces femmes sont sérieuses dans leur marche avec Dieu et donnent le meilleur d'elles-mêmes, elles accompliront sans doute des œuvres beaucoup plus grandes encore.

*Les talents et les dons vous donnent des capacités pour accomplir votre travail*

**Investir ses talents et dons**

Dieu nous a aussi équipé des talents et dons que nous devons mettre au service de Son royaume. Accomplir l'œuvre de Dieu est impossible si nous ne devons compter que sur nos capacités humaines. Les talents sont des capacités innés que nous possédons tous en tant qu'humains (païens ou chrétiens). Après la conversion à Christ, ces talents ne deviennent pas inutiles; nous les utilisons d'avantage pour la gloire de Dieu. En plus Dieu équipe Ses enfants et serviteurs des dons de l'Esprit. Il est impossible de faire l'œuvre de Dieu sans l'action du Saint-Esprit. L'Esprit nous aide à accomplir des œuvres qui naturellement seraient impossibles. Le savoir et l'éloquence quoiqu'importants dans le ministère, ne suffisent pas pour nous donner du succès.

Dieu ne nous a pas appelés pour nous voir échouer; Il dispose Son Esprit-Saint pour nous équiper *Combattre le bon combat* afin de bien accomplir notre tâche. Quand le Seigneur Jésus devait envoyer Ses disciples en mission dans Matthieu 10, Il ' leur donna le *'pouvoir…'* Après Sa résurrection le Seigneur demande aux disciples d'attendre à Jérusalem jusqu'à ce que viennent le Saint-Esprit, alors seulement ils pourront allez témoigner en Son nom. En lisant les Actes des Apôtres nous pouvons voir l'action du Saint-Esprit et dire que Jésus avait pleinement raison de leur demander d'attendre.

Il est impossible d'accomplir un travail réussi, sans un abandon total ou une dépendance totale au Saint-Esprit. Et là aussi il reste à définir ce que nous appelons une réussite. La vie de l'apôtre Paul est un exemple éloquent de réussite. Faisant en quelques sortes une conclusion sur sa marche et son ministère il dit: «*J'ai combattu le bon combat, j'ai achevé la course, j'ai garde la foi. Désormais la couronne de justice m'est réservée; le Seigneur le juste juge, me le donnera dans ce jour-la, et non seulement à moi, mais encore à tous ceux qui auront aimé son avènement.*» (2Timothée 4:7-8)

La visée du croyant ou du serviteur de Dieu c'est la vie éternelle. Nous voulons bien accomplir notre tache ici bas, et en même temps être digne de passer l'éternité avec Christ. La Bible dit à quoi cela sert-il à un homme de gagner le monde entier et de perdre son âme ? Chacun de nous doit chaque jour être prêt à rencontrer le Seigneur; c'est là notre destination finale. Paul, quel modèle? Il fait un témoignage public de sa marche avec Dieu, sans craindre d'être contredit. Nous trouvons trois étapes importantes dans ce témoignage de Paul :

1. *'J'ai combattu le bon combat'* : Il n'a pas mené une vie plein d'excuses, il a marché dans l'obéissance à son Maître jour après jour.
2. *'J'ai achevé la course'* : La Bible dit :'Mieux vaut la fin d'une chose que son commencement.' Paul a fait face à toutes sortes d'oppositions; de la part des juifs, des païens, ou des faux frères. Pendant sa première défense, tous les frères l'ont abandonné, mais il a tenu bon jusqu'à la fin.
3. *'J'ai gardé la foi'* : Achever la course ne suffit pas, il faut que nous la terminions dans la foi.

Quand il arrive à la fin de sa vie Paul est capable d'évaluer son parcourt et de proclamer qu'il a gardé la foi malgré toutes les épreuves auxquelles il a fait face.

Jésus dira à ceux qui se tiendront à sa gauche : *'Éloignez-vous de moi, serviteurs d'iniquité.'* Ils auront servi le Seigneur, mais pas selon les normes. Jésus le juste Juge, nous attend à la fin de notre course. Il nous réserve une couronne de justice, si nous marchons selon ses voies et si nous tenons bon jusqu'à la fin. C'est ça un travail réussi.

Désirons les dons de l'Esprit et accomplissons notre tâche par et dans la puissance du Saint-Esprit.

**Investir ses avoirs**

Tout ministre de Dieu doit comprendre que savoir mettre ses avoirs dans le royaume de Dieu est en même temps une marque de reconnaissance, un sacrifice et un investissement.

Le Dieu que nous servons est créateur du Cieux et de la terre. La Bible dit que l'or et l'argent Lui appartiennent. Il n'est pas pauvre et ne veut pas que Ses enfants vivent dans la pauvreté non plus. Dieu veut que Ses enfants soient prospères et réussissent dans tout ce qu'ils entreprennent. Malheureusement certains chrétiens et même serviteurs de Dieu ne croient pas à la prospérité des enfants de Dieu... La pauvreté n'est pas signe d'humilité, ou de sainteté. La Parole de Dieu est claire à ce sujet: «*Christ s'est fait pauvre de riche qu'il était, afin que par Sa pauvreté nous fussions enrichis.*» (2 Corinthiens 8:9) Si nous croyons que le sacrifice de Christ nous donne la vie éternelle, pourquoi ne croyons-nous pas que ce sacrifice nous donne aussi la prospérité? Jésus n'a pas offert plusieurs sacrifices. Le même sacrifice de Christ à la croix nous donne la vie éternelle, la guérison physique et émotionnelle, la prospérité, la bénédiction financière et matérielle, etc. Dans notre ministère nous croyons que Jésus est venu restaurer l'homme tout entier et son environnement. Pourquoi croyons-nous facilement que le diable béni ses adeptes et ne croyons-nous pas que Dieu veut bénir de façon palpable ses enfants? Quand quelqu'un est pauvre nous croyons qu'il cherche Dieu; et dès qu'il devient riche, nous attribuons cela au diable. Il est vrai qu'il y a des personnes qui ont leurs moyens par des voies occultes; mais gardons-nous d'attribuer toute bénédiction des enfants de Dieu au diable.

La pauvreté est d'abord une mentalité, une façon de réfléchir, de penser. Aussi longtemps que nous ne nous seront pas débarrassés de cette façon de voir les choses, nous n'accèderons pas à la bénédiction de Dieu pour nous.

Le royaume de Dieu ne peut pas avancer sans moyens. Depuis l'Ancien Testament les femmes ont activement contribuées avec leurs moyens pour avancer le royaume de Dieu. Elles ont donné leurs bijoux en or et en argent, et tout ce qu'elles pouvaient avoir de précieux pour construire le tabernacle. «*Les hommes vinrent aussi bien que les femmes; tous ceux dont le cœur était bien disposé apportèrent des boucles, des anneaux, des bagues, des bracelets, toutes sortes d'objets d'or; chacun présenta l'offrande d'or qu'il avait consacrée à l'Éternel... Toutes les femmes qui avaient de l'habileté filèrent de leurs mains, et elles apportèrent leur ouvrage, des fils teints en bleu, en pourpre, en cramoisi, et du fin lin. Toutes les femmes dont le cœur était bien disposé, et qui avaient de l'habileté, filèrent du poil de chèvre.* » *(Exode 35:22-26)*

*L'œuvre de Dieu attend nos moyens*

Du vivant du Seigneur Jésus, les femmes se sont constituées en équipe, pour pourvoir à tous les besoins matériels et financiers qui pouvaient se poser autour du Seigneur et les apôtres.

«*Ensuite, Jésus allait de ville en ville et de village en village, prêchant et annonçant la bonne nouvelle du royaume de Dieu.*
*Les douze étaient avec de lui et quelques femmes qui avaient été guéries d'esprits malins et de maladies: Marie, dite de Magdala, de laquelle étaient sortis sept démons, Jeanne, femme de Chuza, intendant d'Hérode, Susanne, et plusieurs autres, qui l'assistaient de leurs biens.*» (Luc 8:1-3).

Il n'y a pas des personnes dans l'histoire de la Bible qui étaient prêtes à donner le peu

*Plusieurs femmes assistaient Jésus avec leurs biens.*

qui leur restait pour vivre, comme les femmes:
*«Jésus, ayant levé les yeux, vit ... Et il dit: Je vous le dis en vérité, cette pauvre veuve a mis plus que tous les autres; car c'est de leur superflu que tous ceux-là ont mis des offrandes dans le tronc, mais elle a mis de son nécessaire, tout ce qu'elle avait pour vivre.» (Luc 21:1-4)*

Par la foi, des femmes ont donné leur dernière nourriture pour secourir les hommes de Dieu (1 Rois 17:8-16); par la foi elles ont donné des lieux d'hébergements aux serviteurs de Dieu. *«Il se leva, et il alla à Sarepta... voici, il y avait là une femme veuve qui ramassait du bois. Il l'appela, et dit: Va me chercher, je te prie, un peu d'eau dans un vase, afin que je boive... et... Apporte-moi, je te prie, un morceau de pain dans ta main. Et elle répondit: L'Éternel, ton Dieu, est vivant! je n'ai rien de cuit, je n'ai qu'une poignée de farine dans un pot et un peu d'huile dans une cruche... Élie lui dit: Ne crains point, rentre... prépare-moi d'abord avec cela un petit gâteau... Elle alla, et elle fit selon la parole d'Élie. Et pendant longtemps elle eut de quoi manger, elle et sa famille, aussi bien qu'Élie. (1Rois 17:10-15)»*

Aujourd'hui encore, Dieu attend que les femmes soutiennent Son œuvre, qu'elles apportent leur or et argent, qu'elles brisent le vase de leur parfum pour avancer le royaume de Dieu. Les femmes ne doivent pas être pauvres dans l'Église; ce n'est pas à cela que Dieu les a destinées. Elles doivent être riches, bénies, réussissant dans les affaires, et entreprenantes. L'œuvre de Dieu souffre de manque des moyens.

Beaucoup des philanthropes qui autrefois donnaient aux Eglises, aujourd'hui préfèrent soutenir les organismes humanitaires qui n'ont rien à avoir avec l'annonce de l'Evangile. Dieu a besoin des hommes et femmes d'affaires chrétiens qui savent que leurs moyens viennent de Dieu et qui sont prêts à soutenir Son œuvre. Si Dieu vous a bénis, que vous soyez serviteurs de Dieu ou croyants ordinaires, Dieu attend que vous investissiez vos moyens dans l'avancement de son royaume. Et si vous investissez dans le royaume de Dieu, la Bible dit non seulement vous moissonnerez abondamment, mais aussi Dieu va vous combler des toutes sortes de grâces, afin que possédant toujours de quoi satisfaire à vos propres besoins vous ayez encore en abondance pour toute bonne œuvre. (2Corinthiens 9:6-10)

## CHAPITRE VIII

## *Servir commence à genoux*

Le ministère c'est aussi chercher Dieu dans la prière; l'entendre et recevoir des directives pour sa vie et le travail.

*La prière n'est pas un exercice, elle est une vie*

Par la prière nous parlons à notre Dieu. Elle n'est pas seulement la voie par laquelle nous demandons à Dieu pour satisfaire à nos besoins; elle nous garde aussi en communion permanente avec Lui. La prière est la respiration du croyant. Elle est un instrument puissant entre les mains de quiconque s'en sert. Par la prière nous amenons à l'existence ce que nous voulons voir arriver; nous proclamons et répandons le royaume de Dieu. Par la prière nous proclamons la victoire sur les puissances de ténèbres, nous libérons l'action de l'Esprit de Dieu sur nous et sur ceux pour qui nous prions. Par la prière nous transformons nos vies, celles de nos familles et des contrées entières. Celui qui n'a pas encore expérimenté la puissance qu'il y a dans une vie de prière, mène sans doute une vie chrétienne handicapée. Il court le danger de devenir amer ou plaintif, et pourtant Dieu exauce encore des prières aujourd'hui. La prière n'est pas un exercice, elle est une vie. Elle n'est pas facultative, elle est un commandement biblique: *«Priez sans cesse.»* (1Thessaloniciens 5:17)

Jésus Lui-même est un grand modèle d'une vie de prière. Quoique Dieu et Fils de Dieu, Il a eu à garder une communion permanente avec son Père par la prière. Il a eu même à se priver quelques heures de sommeil pour parler à son Père. *«En ce temps-là, Jésus se rendit sur la montagne pour prier, et il passa toute la nuit à prier Dieu.»* (Luc 6:12)
Malgré le besoin et la pression de la foule, Jésus a eu à passer des moments seul à seul avec son Père.

C'est dans la prière que le chrétien puise sa force; et cette communion permanente avec le Père lui garanti la victoire. Le plus de temps nous passons devant le Seigneur, de plus en plus nous nous laissons imprégner de Sa présence, Son autorité et Sa puissance. Ne soyons pas des chrétiens occasionnels dans la présence de Dieu. Demeurons dans sa présence pour porter sa gloire et la répandre autour de nous.

> *Le diable n'est jamais en paix, quand nous décidons de prier*

Quand nous décidons de prier, le diable n'est jamais en paix; par ce qu'il sait qu'une fois notre prière est faite par la foi au nom de Jésus et pour sa gloire, elle est chose faite; elle ne peut que s'accomplir. Alors le diable cherchera à nous distraire au lieu de nous laisser prier. C'est quand on veut prier que le téléphone sonne, que les enfants dérangent, que quelqu'un frappe à la porte, etc. Le diable utilisera tout ce qui est à son pouvoir pour nous empêcher de prier. Il a voulu distraire même le Seigneur lui-même, en lui parlant de la nourriture pendant qu'il était entrain de jeûner et prier. Quand Jésus sort très tôt pour passer du temps dans la prière, la Bible dit que les disciples se sont mis à le chercher. Quand ils le trouvent Pierre s'exclame pour dire au Seigneur: « tous te cherchent ! » Au fait, c'est comme pour dire : « Tu passes ton temps ici au moment ou les gens ont besoin de toi là-bas !» « *Vers le matin, pendant qu'il faisait encore très sombre, il se leva, et sortit pour aller dans un lieu désert, où il pria. Simon et ceux qui étaient avec lui se mirent à sa recherche; et, quand ils l'eurent trouvé, ils lui dirent: Tous te cherchent. Il leur répondit: Allons ailleurs, dans les bourgades voisines, afin que j'y prêche aussi; car c'est pour cela que je suis sorti.* » (Marc 1:35-38)

> *Ne sois pas rare dans la présence de Dieu*

C'est le danger que courent plusieurs serviteurs et servantes de Dieu. Ils sont toujours occupés et n'ont pas le temps d'aller dans la présence de Dieu pour se ressourcer. Et quand Jésus quitte ce lieu de prière, nous réalisons qu'Il ne répond même pas à la préoccupation de Pierre, Il dit simplement : « *Allons ailleurs, dans les bourgades voisines...*» Quelle leçon ceci nous enseigne: les besoins autour de nous ne finirons jamais; il faut savoir se dérober pour chercher soi-même à se ressourcer au lieu de toujours prétendre résoudre les situations des autres. Le danger avec une telle attitude c'est de devenir superficiel et sans substance. Ce qui semblait comme une urgence pour Pierre et ses compagnons ne l'était pas du tout pour le Seigneur. Ne soyons pas partout et ne prétendons pas être la solution à tout. Au milieu de nos préoccupations nous devons trouver un temps pour être dans la présence de Dieu afin de nous ressourcer. Le Seigneur Jésus a commencé son ministère avec quarante jours de jeunes et prières, mais cela ne l'a pas empêché de continuellement chercher des moments pour parler à son Père dans la prière.

Si les chrétiens connaissaient la puissance qu'il y a dans leurs prières, ils se seraient toujours mis derrière ce gouvernail pour diriger leurs vies et celles des personnes autour d'eux. Combien de temps nous passons à genou déterminera le succès de notre travail. Toutes les personnes qui ont eu un parcours éloquent avec Dieu, étaient des hommes ou des femmes de prières; que cela soit à l'époque de la Bible ou de l'histoire contemporaine de l'Église. La tentation est grande d'être toujours en mouvement que dans la présence de Dieu. Le temps passé dans la prière n'est jamais un temps perdu. La Prière est une semence qui ne meurt pas. Elle portera toujours des fruits, c'est pourquoi sème-la, jour et nuit. Ne laisse pas le diable te voler ce privilège.

## CHAPITRE IX
## Sens d'appartenance

«N'abandonnons pas notre assemblée comme c'est la coutume de quelques-uns; mais exhortons-nous réciproquement, et cela d'autant plus que vous voyez s'approcher le jour.» (Hébreux 10:25)

**La fierté d'appartenir**

C'est dans la communion fraternelle que nous témoignons notre fierté d'appartenance. Cette communion est le secret qui permet au croyant de garder sa foi et sa chaleur spirituelle jusqu'au bout. Un chrétien qui s'isole signe son décret de mort. Nous citons souvent ce texte d'Hébreux 10:25 pour interpeller les croyants; mais il concerne et les croyants et les serviteurs de Dieu. La communion dont il est question ici n'est pas seulement le fait d'être présent au temple ou au culte; mais aussi une interaction parmi les frères. La Parole de Dieu nous recommande d'être toujours présent à notre lieu de culte; à participer à la prière, la louange, l'intercession communautaire, le partage du repas du Seigneur (la Sainte Cène), à être témoins du baptême des frères, témoins de leur mariage, à servir dans le temple et être un instrument de bénédiction pour les autres. C'est une communion où on s'aiguise mutuellement dans l'humilité, et où on a toujours des choses à apprendre les uns, les autres. C'est merveilleux de voir que même un nouveau converti peut nous enseigner par sa foi enfantine, son zèle, son sang froid et son engagement sans réserve. De fois nos assemblées sont formées des petits clubs d'amis, fermés, qui ne donnent pas accès aux nouvelles personnes de jouir de la communion. Cette communion dont nous parlons ne devait pas se limiter seulement à «l'Église-bâtiment» ou lieu du culte; elle devait continuer dans la vie de tous les jours, pour faire de nous une famille des enfants de Dieu.

> *La communion des frères édifie*

D'autre part, beaucoup des leaders s'égarent loin de la simplicité de la vie chrétienne parce qu'ils se mettent sur un piédestal, loin de la communion des frères; vivant dans l'isolement de leur gloire. La communion des frères nous édifie, nous défie et nous taille au quotidien. Nous sommes serviteurs ou servantes de Dieu d'abord pour être au service des fidèles. Pourquoi alors devenir insaisissables ? Dès que nous prêchons, nous disparaissons escortés loin de ceux là même que nous sommes appelés à servir. On comprendrai cela quand c'est pour une période de temps parce qu'on veut résoudre une situation donnée, ou dans des grandes réunions et campagnes d'évangélisation avec l'énormité de la foule et des personnes mal affermies qui croient qu'ils doivent à tout prix toucher le prédicateur pour prendre son onction; mais ça ne doit pas être une façon de faire dans une assemblée locale où on est berger.

> *Communier c'est faire participer les autres aux grâces que nous avons*

A part la communion des frères et sœurs dans l'église, nous avons aussi besoin de la communion des autres collègues serviteurs et servantes de Dieu. L'esprit d'isolement est un esprit secteur qui cache de l'orgueil et qui est à la base de beaucoup d'hérésies. La communion avec les autres servantes ou serviteurs de Dieu nous fera découvrir la richesse qu'il y a dans le corps du Christ; ce que Dieu fait avec et auprès des autres. Un prédicateur qui croit qu'il ne doit jamais s'asseoir et écouter les autres prêcher, est un problème à lui-même. L'inspiration que le Saint-Esprit donne ne choisit ni l'âge, ni l'ancienneté, ni le sexe. Dieu utilise qui Il veut et quand Il veut.

Je constate avec admiration combien à chaque époque, Dieu lève toujours une nouvelle génération des serviteurs et servantes de Dieu. Là où certains croiraient qu'ils ont tout vu, Dieu oint particulièrement des personnes qui n'ont ni 'nom' ni 'expérience' à accomplir des œuvres qui sortent de l'ordinaire. Si nous croyons avoir une grande expertise, la communion fraternelle serait une façon de faire participer les autres aux grâces que nous avons gratuitement reçues de Dieu. L'orgueil, la concurrence et la jalousie sont des grands ennemis de la communion. Reconnaître les grâces que Dieu a données aux autres, est un pas vers la communion. La Bible dit que les grâces (dons) sont données à chacun pour l'utilité commune.

*«Il y a diversité de dons, mais le même Esprit; diversité de ministères, mais le même Seigneur; diversité d'opérations, mais le même Dieu qui opère tout en tous. Or, à chacun la manifestation de l'Esprit est donnée pour l'utilité commune. » (1Cor. 12:4-7)*

Savoir profiter de ce que les autres ont, c'est collaborer avec eux, c'est leur donner par moment notre micro. La Bible nous exhorte à aimer et à regarder les autres comme étant au-dessus de nous. Soyons fiers de l'Église, de l'assemblée à laquelle nous appartenons.

## CHAPITRE X

## *Servir comme un témoin*

«*Car quiconque aura honte de moi et de mes paroles au milieu de cette génération adultère et pécheresse, le Fils de l'homme aura aussi honte de lui, quand il viendra dans la gloire de son Père, avec les saints anges.*» (Marc 8:38)

Le témoignage chrétien est l'expression par laquelle le croyant publie sa foi. Il nous aide à élargir la famille des enfants de Dieu. C'est la vraie occupation du croyant en attendant le retour du Seigneur. C'est l'ordre de Jésus à tous les croyants quand Il dit: « *... Tout pouvoir m'a été donné dans le ciel et sur la terre. Allez, faites de toutes les nations des disciples, les baptisant au nom du Père, du Fils et du Saint Esprit, et enseignez-leur à observer tout ce que je vous ai prescrit. Et voici, je suis avec vous tous les jours, jusqu'à la fin du monde.*» *(Mathieu 28:18-20)*

Nous allons parler de cette vie de témoignage sous deux volets qui sont:
- la vie ou la réputation de la servante de Dieu, et

- le partage de sa foi auprès des autres.

## 1. LE TEMOIGNAGE DE SA VIE

Notre vie en elle-même est un témoignage que le monde a besoin. Jésus a dit: «*Vous êtes la lumière du monde... Que votre lumière luise ainsi devant les hommes, afin qu'ils voient vos bonnes œuvres, et qu'ils glorifient votre Père qui est dans les cieux.*» (Matthieu 5:14-16)

*Notre témoignage c'est l'écho de notre conduite et de nos actes*

Notre témoignage c'est l'écho de notre conduite et nos actes. C'est la lecture que les autres font de notre vie. C'est le parfum que dégage notre marche avec le Seigneur. Ce témoignage est silencieux mais efficace; capable de parler sans que nous n'ayons articulé un mot. Que lisent et disent les autres sur notre marche? Les humains parleront toujours de ce qu'ils ont entendu et vu. On ne les en empêchera jamais. Ils parleront de toi que tu le veuille ou pas. Mais la question est de savoir, quand ils parleront de toi à ton absence, quel témoignage vont-ils rendre?

L'Apôtre Paul exhorte les Philippiens à marcher d'une manière digne de l'Évangile, afin que si les autres doivent rendre un témoignage en ce qui les concerne, qu'il entende dire qu'ils demeurent fermes dans la foi. «*Seulement, conduisez-vous d'une manière digne de l'Évangile de Christ, afin que, soit que je vienne vous voir, soit que je reste absent, j'entende dire de vous que vous demeurez fermes dans un même esprit, combattant d'une même âme pour la foi de l'Évangile.*» (Philippiens 1:27)

Chacun devait vivre de manière à ce que son bon témoignage parle plus fort que ses manquements.

Le témoignage éloquent de Marie a fait qu'on ne pouvait pas parler de Lazare sans faire référence à elle. Son attachement au Seigneur (Luc 10:39) l'a amené à poser des actes providentiels (Luc 7:36-50), au point qu'elle est devenue une référence pour Lazare.

> *Ton témoignage c'est le message silencieux que ta vie répand*

«*Il y avait un homme malade, Lazare, de Béthanie, village de Marie et de Marthe, sa sœur. C'était cette Marie qui oignit de parfum le Seigneur et qui lui essuya les pieds avec ses cheveux, et c'était son frère Lazare qui était malade.*» (Jean 11:1-2)

Les mauvaises langues ne manqueront pas, mais la vérité triomphe toujours.

Tes actes parlent plus que tes paroles, parce qu'ils révèlent le vrai 'toi'. Vis de manière à ce que tes actes ne contredisent pas tes paroles, parce que quelqu'un parlera de toi.

## *Une bonne réputation vaut mieux que le bon parfum* (Ecclésiastes 7:1)

Ta réputation c'est ta renommée. C'est le message silencieux que ta vie répand. C'est le reflet de ta vraie personne, c'est la version authentique de 'toi'. Le vrai 'toi' ne s'exprime pas nécessairement par des paroles, mais au travers des actes et un langage que seuls les autres peuvent entendre. La Bible nous exhorte à avoir une bonne réputation. Parce qu'elle parle mieux que le parfum. Pourquoi est-elle comparée au parfum? Parce que le parfum tout comme la réputation vous précède. La grande différence entre les deux est que le parfum n'est que 'une impression'. Elle vous donne un arome qui n'est pas vous et cela pour un peu de temps. Et pourtant la bonne réputation quand elle est authentique, elle reste et vous représente quel que soit le temps ou les circonstances. D'ailleurs il faut beaucoup plus d'efforts pour faire impression que pour rester authentique. Il y a des chrétiens aussi qui mettent un 'parfum spirituel', qui pose des actes, voulant paraître ce qu'ils ne sont pas réellement. La bonne réputation ne s'achète pas, elle se construit au travers d'une vie de consécration et d'obéissance à Dieu.

*«Ayez au milieu des païens une bonne conduite, afin que, là même où ils vous calomnient comme si vous étiez des malfaiteurs, ils remarquent vos bonnes œuvres, et glorifient Dieu, au jour où il les visitera.»* (1Pierre 2:12)

*Témoigner c'est une démarche intentionnelle de gagner les âmes*

## 2. LE TEMOIGNAGE DE SA FOI

Le témoignage d'une vie bien vécue ne suffit pas pour sauver les âmes. A ce témoignage doit s'ajouter une démarche intentionnelle d'amener les perdus vers le Seigneur. La Bible dit: *«Comment donc invoqueront-ils celui en qui ils n'ont pas cru? Et comment croiront-ils en celui dont ils n'ont pas entendu parler? Et comment entendront-il parler s'il n'y a personne qui prêche?»* (Romain 10:14)

### L'Évangélisation se fait dans le monde

Témoigner sa foi c'est raconter aux autres ce que Jésus a fait dans sa vie. Témoigner Christ ne veut pas dire se tenir devant la chair d'une église pour prêcher. L'église est un lieu d'équipement et de ravitaillement pour le chrétien; le reste de son travail doit se faire dans le monde au milieu des inconvertis, parmi les païens qui marchent encore selon les désirs de leurs cœurs. Tout enfant de Dieu est un gagneur d'âmes et Dieu attend qu'il parle de sa foi à sa famille, à ses amis, à ses collègues de classe, de service et qu'il parle même aux inconnus.

## Le message à annoncer est simple

La honte ne doit pas nous empêcher de témoigner. Le témoignage n'est pas une démonstration des prouesses; c'est un partage simple de ce que Jésus est, et a fait dans notre vie. Le message à annoncer n'est pas compliqué: parlons de la raison pourquoi Christ est venu, Sa naissance miraculeuse, Sa vie, Sa mort, Sa résurrection, Son ascension et Son retour glorieux. L'Évangile est simple, et quand il est annoncé et cru dans sa simplicité, il donne des résultats extraordinaires.

## Annoncez l'Évangile est une urgence

Partager sa foi pour gagner les âmes, est l'occupation première du croyant en attendant le retour du Christ. Le croyant n'a pas besoin d'entendre l'Évangile mille et une fois avant de le partager aux autres. La femme Samaritaine a converti toute une ville, quelques heures seulement après avoir elle-même cru au Messie.

L'urgence de l'annonce de l'Évangile se situe à trois niveaux:

1. Dans l'imminence du retour de notre Seigneur Jésus-Christ. Il vient bientôt et la Bible nous exhorte à racheter le temps. *«Voici, je viens bientôt, et ma rétribution est avec moi, pour rendre à chacun selon ce qu'est son œuvre. »* (Apocalypse 22:12)

2. Dans le fait que si le païen meurt dans ses péchés, il n'aura aucune autre opportunité pour être sauvé. Nous devons donc le gagner de son vivant. *«Et comme il est réservé aux hommes de mourir une seul fois, après quoi vient le jugement,»* (Hébreux 9 :27)
3. Dans le fait que le retour du Seigneur est conditionné par cette annonce de l'Évangile. Le Seigneur a dit à Ses disciples que ce message du royaume sera annoncé à toutes les nations alors viendra la fin. Quand, dans la quiétude de nos cathédrales, nous nous réunissons chaque semaine attendant la seconde venue du Messie, il y a des milliards d'hommes et femmes qui n'ont jamais entendu parler de sa première venue.

**Les perdus sont prêts de nous**

L'ironie c'est de voir que certaines de ces âmes perdues ne sont pas nécessairement à l'autre bout du monde; elles sont dans nos familles, nos écoles et universités, nos lieux de travail, nos places publiques et lieux de loisirs. Ces âmes sont déjà prêtes à recevoir le message de l'Évangile, sauf qu'il manque de gens pour le leur annoncer. Combien de fois nous nous arrêtons à imaginer les réactions négatives de ceux à qui nous devons annoncer l'Évangile au lieu de le leur annoncer en leur donnant ainsi le choix de dire oui ou non!

**Aux extrémités de la terre**

A part les âmes que nous pouvons gagner près de chez nous, Dieu nous adresse aussi l'appel d'atteindre ceux qui sont aux extrémités de la terre; des tribus, voir des nations entières qui n'ont pas encore entendu parler de Christ. L'utilisation des satellites ou d'autres medias ne remplacera jamais le contact d'individu à individu. Le croyant doit toujours faire le déplacement vers les perdus, sans croire que la télévision et les medias sociaux le feront à sa place. Jésus a dit voici les miracles qui accompagneront ceux qui auront cru... Le contact physique reste le moyen le plus efficace pour l'annonce de l'Évangile; parce que le croyant est porteur des grâces de Dieu. La mission pour l'annonce de l'Évangile loin de chez soi reste encore un besoin de nos jours. Dieu attend que des hommes, des femmes, des jeunes gens, et jeunes filles s'engagent à aller annoncer l'Évangile auprès des tribus qui n'ont pas encore entendu, et cela partout: En Asie, en Afrique, en Océanie et auprès des populations entières en Occident qui sont tombées dans le refroidissement et l'athéisme. La radio ou la télévision peut annoncer le message de l'Évangile, mais elle n'a pas des yeux pour voir les vrais besoins des gens, ni un cœur pour compatir à ces besoins. L'homme est le messager par excellence

> *L'homme reste l'instrument de Dieu*

et Dieu attend que toi et moi, hommes et femmes, jeunes et vieux, nous partions.

*Troisième Partie*

# Le ministère d'une servante

*La tâche de cette femme n'est pas facile mais elle marche sur un chemin où d'autres ont marchés avant elle. Elle a la grâce d'avoir une multitude des femmes dans les écritures tout comme dans l'histoire contemporaine de l'Église, qui peuvent lui servir de modèles. Elles ont servi touchant tous les aspects du ministère:*

- *comme prophétesse*
- *comme juge*
- *comme intercesseur*
- *comme partenaire (financier et matériel)*
- *comme gagneur d'âmes*
- *comme pasteur*
- *comme évangéliste,*
- *comme apôtre, etc.*

## CHAPITRE XI
## *Les femmes au travers de la Bible*

Depuis l'époque de la Bible, les femmes ont joué des rôles multiples pour soutenir et avancer l'œuvre de Dieu.

A la sortie du peuple d'Israël de l'Egypte, Myriam, la sœur de Moïse a conduit les femmes dans la danse et la louange devant Dieu (Exode 15:20). Pendant la marche dans le désert, les femmes ont contribué par leurs moyens et talents à la construction du tabernacle (Exode 35: 22, 25, 26). Les espions envoyés par Moïse pour explorer Jéricho ont été accueillis et protégés par une femme, appelée Rahab (Josué 2:1-16). Les prophètes de Dieu ont reçu les services des diverses femmes comme la Sunamite, Abigaël, la veuve de Sarepta, etc. (2 Rois 4:8-11; 1 Samuel 25:1-35; 1 Rois 17:9-16)

Pendant le ministère du Seigneur Jésus-Christ les femmes s'étaient constituées en équipe pour soutenir Son ministère (Luc 8:1-3). Elles ont pourvu à tous les besoins sans doute matériels et financiers pour que le Seigneur et Ses disciples ne s'occupent de rien d'autres si non prêcher la Parole.

## Femmes exemples héroïques
Au travers de la Bible nous voyons des femmes qui ont posé des actes de foi:
- Comme Anne, la mère du prophète Samuel, qui a persévéré dans la prière jusqu'à voir l'exaucement. (1 Samuel 1)
- Comme la femme de distinction de Sunem, qui a insisté que le prophète Élisée qui passait toujours chez eux accepte de prendre de la nourriture; et enfin a convaincu son mari pour construire une chambre pour que l'homme de Dieu s'y retire toutes les fois qu'il passerait dans leur ville. (2 Rois 4:8-11)
- Comme Marie qui a cassé son vase de parfum de grand prix pour le verser sur le Seigneur. (Jean 12:3)
- Comme la femme à la perte de sang qui a touché le vêtement du Seigneur. La Bible dit qu'elle avait fini tous ses avoirs, allant d'un traitement et d'un médecin à l'autre. Mais cette fois, elle a cru que le simple fait de toucher le vêtement du Seigneur Jésus suffirait pour la guérir. Elle a inauguré un acte de fois que personne avant elle n'avait fait. (Luc 8:43-48)
- Comme la femme Syro-phénicienne, dont Jésus a loué la foi. Elle a reçu du Seigneur une réponse la plus dure qui puisse exister,

mais elle a continué à croire qu'elle était encore éligible même au travers des miettes. (Marc 7:24-30)
- Comme Anne, qui après la mort de son mari a eu une consécration exceptionnelle et a passé le reste de sa vie au temple dans la prière et le jeûne. Elle était capable de croire et voir le Messie quelques jours seulement après sa naissance. (Luc 2:25-38)
- Comme Tabitha, une femme disciple qui bénissait son entourage par ses moyens. (Actes 9:36)
- Comme Lydie, une femme d'affaires qui a offert une grande hospitalité aux serviteurs de Dieu (Actes 16:14-15)

**Femmes des lignes de front**

Les femmes n'ont pas seulement contribué à l'œuvre de Dieu par leurs moyens. Elles ont aussi été sur la ligne de front comme gagneurs d'âmes. La jeune fille d'Israël dont le nom n'est pas connu, a su partager à sa maîtresse, le témoignage de la puissance de Dieu qui agissait au travers de son prophète et cela a fait que le grand chef de l'armée, Naman, soit guéri de sa lèpre. La femme Samaritaine a partagé le témoignage simple de ce que Jésus avait fait pour elle, et a amené toute la population de sa ville à se convertir. Les femmes ont été porteuses de la bonne nouvelle de la résurrection du Seigneur, annonçant aux disciples qu'Il est ressuscité.

Toutes ces femmes ont servi le Seigneur comme le ferait n'importe quel croyant. C'est le sacerdoce ou ministère universel de tous les croyants. «*Vous, au contraire, vous êtes une race élue, un sacerdoce royal, une nation sainte, un peuple acquis, afin que vous annonciez les vertus de celui qui vous a appelés des ténèbres à son admirable lumière.*» (1Pierre 2:9-10) Tous les saints, c'est-à-dire, enfants de Dieu comme toi et moi, nous sommes appelés et équipés pour faire l'œuvre du ministère. (Éphésiens 4:12) On n'a pas besoin d'attendre ou recevoir un appel ou vacation spécial pour servir notre Maître.

## CHAPITRE XII
# Spécialement mise à part

A part l'appel général adressé à la femme, comme à tout croyant de devenir disciple et gagneur d'âmes, Dieu appelle certaines femmes à un ministère spécifique pour Le servir comme pasteur, apôtre, prophète, évangéliste ou docteur.

> *En Christ il n'y a ni homme ni femme, ni esclave...*

La Bible dit *«Il n'y a plus ni Juif ni Grec, il n'y a plus ni esclave ni libre, il n'y a plus ni homme ni femme; car tous vous êtes un en Jésus Christ.»* (Galates 3:28) Dans la société juive de l'Ancien Testament, malgré les préjugés traditionnels, Dieu a appelé aussi des femmes à Son service. Marie la sœur de Moïse a servi comme prophétesse. (Exode 15:20) Deborah a assumé des fonctions politiques et spirituelles très importantes. Elle a exercé valablement ses fonctions de juge parmi les treize juges en Israël, même en temps de graves crises. Elle représentait Dieu auprès de son peuple; et a été en tête du peuple pour lui donner une grande victoire sur ses ennemis.

Dans le Nouveau Testament Priscille est un exemple éloquent d'une femme qui a exercé dans le ministère. Elle a exercé à côté de son mari Aquillas; tous deux pasteurs de l'Église qui se réunissait dans leur maison, comme la plupart d'églises locales de l'époque. (1 Corinthiens 16:19; Romains 16:3-5) Toutes les fois que l'Apôtre Paul fait allusion à cette église, il ne parle d'aucun autre leader si non de ce couple. Et Paul les appelle tous deux mes compagnons d'œuvre en Jésus-Christ. Pourquoi ne croiront nous pas qu'ils étaient en tête de cette assemblée? La Bible dit que Priscille et son mari étaient très instruits dans les choses du Seigneur (sans doute parce qu'ils ont aussi passé beaucoup de temps œuvrant à côté de Paul). Le fait qu'ils ont pu assoir Apollos qui était déjà un homme versé dans les Ecritures, pour lui apprendre avec beaucoup plus d'exactitude les voies de Dieu; prouve le niveau de leur leadership. Ce n'était pas des simples frères. Priscille a efficacement servi à côté de son mari. C'est un couple modèle et de grande influence.

*Priscille une femme équipée pour servir*

**Le Saint-Esprit aux serviteurs et servantes**

Il n'y a aucune excuse aujourd'hui pour que la femme s'engage au service du Seigneur. Les femmes avaient attendu aussi dans la chambre haute jusqu'au jour de la Pentecôte pour recevoir la puissance du Saint-Esprit. Et le Saint-Esprit fut donné aux croyants et aux croyantes pour devenir des 'serviteurs et servantes, des prophètes et prophétesses.' (Actes 2:17-18)

L'Eglise a besoin de l'audace des femmes, de leur zèle, leur douceur et leur passion. Elle a besoin aujourd'hui encore des femmes évangélistes comme la femme Samaritaine, capable de convertir des villes et des nations; des femmes équipées comme Priscille, capable d'influencer et de diriger des églises.

### Kyria, une femme dirigeant d'une église locale

Il apparait clairement que Kyria, la personne à qui l'Apôtre Jean adresse sa deuxième Epître, est une femme dirigeant cette église locale. (2Jean 1:1,5,13) *Ceci est un argument valable pour montrer que déjà du vivant des premiers apôtres de Jésus il y avait des femmes qui assumaient des fonctions de dirigeants dans les églises locales.*

### Servant comme aides semblables

Les femmes qui travaillent comme épouses, à l'ombre de leurs maris, font aussi un travail de grand impact. Les femmes des leaders ont une influence réelle sur les prestations de leurs maris. Ainsi toute femme appelée à être épouse d'un serviteur de Dieu, à quelque niveau que ce soit, a une mission spéciale à côté de cet homme. Car en tant que son aide semblable, elle partage son cœur, son intimité, et comme son compagne de vie et de travail, elle est sa première conseillère, et la plus proche des collaborateurs. De ce fait, elle ne peut pas rester indifférente ni à l'écart du ministère.

Tout homme qui s'engage dans le lien du mariage, prouve par cet acte qu'il a besoin d'une personne qui lui soit beaucoup plus intime. L'épouse du serviteur de Dieu doit être la personne la plus intime à son mari. Elle est la personne la mieux placée à saisir la vision de son mari; parce qu'elle est la personne qui lui est la plus proche et qui passe le plus de temps avec lui. Le contraire sans doute serait anormal. L'homme de la vision peut paraître fort mais il peut à la fois être vulnérable s'il n'y a personne pour le soutenir et l'encourager. D'où la femme doit connaître son mari, ses moments forts, ses moments de faiblesses ou d'angoisses, afin de lui apporter le réconfort nécessaire.

Dieu ne donnera pas à Son serviteur ou à Sa servante un conjoint qui n'est pas prêt à réaliser sa vision. Le contraire souvent arrive, quand quelqu'un se fait prendre au piège de ses sentiments, au point de s'engager avec une personne qui n'a rien à avoir avec le royaume de Dieu. Le conjoint(e) ne doit pas dire 'oui' au mariage et 'non' au ministère, ou encore 'oui' au mariage et au ministère, et 'non' quand viennent les défis.

Je ne veux pas dire que toute épouse de pasteur est pasteure ou encore tout époux d'une femme pasteur est pasteur. L'épouse d'un prophète n'est pas d'office prophétesse ou celle de l'évangéliste une évangéliste. Mais si l'époux ou l'épouse de la personne qui est appelée au ministère est aussi convaincu de l'appel de Dieu sur sa vie, personne n'a le droit de l'en empêcher.

## Une femme d'influence

L'influence est le fait d'exercer un pouvoir moral ou spirituel sans l'exercice tangible d'une quelconque force; c'est-à-dire sans une intention ou effort délibéré de le faire. L'influence peut se faire dans la famille, dans l'église, dans la société, dans le monde des affaires, etc. **C'est l'impact d'une façon de faire de quelqu'un sur ceux qui l'observent**.

> *On n'influence pas toujours avec ses points forts.*

La Bible est pleine des femmes influentes dont la vie est un modèle pour nous aujourd'hui. Chaque femme chrétienne devait aspirer à devenir une femme d'influence; celle dont la vie est un exemple à suivre, non parce qu'elle s'impose mais parce que sa vie

> *L'influence c'est l'impact de quelqu'un sur les autres*

est bien vécue au point que les autres s'en inspire. L'influence est le produit de ce que tu crois au plus profond de toi. **Chaque circonstance de la vie est une occasion pour influencer.** Tu influences lorsque les choses que tu crois s'imprègnent en toi au point de devenir une partie de toi. Tu influences lorsque tu vois les choses avec l'œil de Dieu. Les gens n'influencent pas toujours avec les points forts de leur vie. Curieusement dans la plupart des cas nous influençons avec ces choses qui ont subies un brisement dans notre vie. Jésus a dit: *«Si le grain de blé qui est tombé en terre ne meurt, il reste seul; mais, s'il meurt, il porte beaucoup de fruit.»* (Jean 12:24) Nous influençons quand nous mourrons en nous-mêmes, laissant la vie de Christ prendre place en nous. De même que le grain de blé qui tombe à terre se multiplie en plusieurs exemplaires, nous nous multiplierons alors dans la vie non seulement des disciples, mais aussi des observateurs lointains.

**Ainsi, influencer c'est perpétuer son espèce au travers des autres.** Jésus est mort afin que ceux qui vivent ne vivent plus pour eux-mêmes, mais pour perpétuer le model du maître. (2Corinthiens 5:15) Mourir comme le blé signifie aussi être aux pieds des ainés pour apprendre. Nous apprenons du Seigneur Lui-même, mais nous apprenons aussi des autres.

*Quatrième Partie*

# Tenue et parure de la femme ministre

Nous allons dans cette partie parler de la présentation physique de la femme ministre, spécialement en ce qui concerne son habillement et le maintien de son corps. Les Saintes Ecritures montrent que Dieu le traite comme un sujet d'une grande importance.

L'apparence physique de toute femme est une vraie préoccupation pour elle-même et pour les autres femmes ou hommes. Il n'est pas tout simplement une affaire de santé mais aussi d'image. Se tenir devant un public n'est pas chose facile. Le public est toujours très exigeant. La femme ministre est supposée être un modèle dans ce domaine sensible.

## CHAPITRE XIII

# Vêtir le chef d'œuvre de Dieu

Dans le récit de la Genèse, la création de la femme est décrite comme la formation d'un chef d'œuvre de Dieu. Dieu a même pris 'un temps supplémentaire' pour façonner la femme. Dire que la femme fut taillée sur mesure et avec délicatesse, cela est tout à fait visible, même dans ce monde corrompu. C'est aussi à cause de cela que l'apparence physique de la femme est souvent utilisée pour toutes sortes d'abus ou d'exagérations. Ainsi savoir soigner et vêtir convenablement ce chef d'œuvre, qu'est la femme, est une vraie préoccupation divine.

*La femme comme chef d'œuvre de Dieu*

Dans la Bible l'habillement requiert une place importante; surtout quand il s'agit des serviteurs de Dieu et des femmes.

Tout le chapitre 28 d'Exode ne parle que de la tenue des sacrificateurs, et en lisant Exode 39 nous voyons que les sacrificateurs avaient un accoutrement très sophistiqué. (Exode 39:1-43) Dieu est allé jusqu'à donner avec précision les mesures des caleçons que devez porter les sacrificateurs (Exode 28:42). Pour Dieu, la nudité n'a pas de place dans sa maison.

*Exclure toute nudité et toute exagération*

Au jardin d'Éden déjà quand l'homme et la femme se sont débrouiller à couvrir leur nudité avec des feuilles de figuiers, Dieu est venu les couvrir avec des peaux d'animaux. Aujourd'hui encore il me semble que les femmes se débrouillent au lieu de suivre le modèle de Dieu. La pensée de Dieu demeure la même: l'habillement doit exclure toute nudité.

Dans le Nouveau Testament, Paul et Pierre abordent le problème de l'apparence extérieure des femmes, sous forme de garde-fous contre toute exagération. A cet effet, les conseils donnés par Paul dans 1Corinthiens 11:4-16, ont toujours été mal interprétés par certains; insistant que la tenue du voile par exemple serait obligatoire pour les femmes. Une lecture sans préjugée de ce passage comme tous les autres passages de Paul et Pierre à ce sujet; nous montre qu'il s'agissait des garde-fous contre toute licence.

Paul dit:« *Je veux que les femmes vêtues d'une manière décente, avec pudeur et modestie; ne se parent ni de tresses, ni d'or, ni de perles, ni d'habits somptueux; mais qu'elles se parent de bonnes œuvres* **comme il convient à des**

***femmes qui font profession de servir Dieu.*** » (1Timothée 2:9-10)

Le voile est une solution artificielle à l'absence de la longue chevelure qui est une solution naturelle dans la parure de la femme. De même les tresses, l'or, les perles et les habits somptueux sont des embellissements accessoires et artificiels que chercheraient les femmes qui ne manifestent pas naturellement une parure pleine de manière, de décence, de pudeur et de modestie.

Pendant mes premières années dans la foi j'avais cru que porter un voile était exclusivement couvrir ses cheveux; et pourtant la Bible nous dit que les longs cheveux de la femme lui servent aussi de voile. C'est la même logique quand Pierre dit aux femmes mariées: «*Faites voir votre manière de vivre chaste et respectueuse. Ayez, non cette parure extérieure qui consiste dans les cheveux tressés, les ornements d'or, ou les habits qu'on revêt; mais la parure intérieure et cachée dans le cœur, la pureté incorruptible d'un esprit doux et paisible, qui est d'un grand prix devant Dieu. Ainsi se paraient autrefois les saintes femmes qui espéraient en Dieu, soumises à leurs maris.*» (1Pierre 3:2-5)

*Une parure intérieure*

Il y a des femmes qui cherchent à séduire les hommes par leur parure artificielle et hypocrite (car elle ne vient pas du cœur). Il y a des femmes qui croient que par leur parure elles peuvent se faire estimer de Dieu ou même convaincre leurs époux à obéir à la Parole. La Bible au contraire propose à ce que leur parure soit d'abord intérieure, celle d'un cœur pur, d'une pureté incorruptible qui ne vient que de Dieu. Une parure d'un esprit doux et paisible, qui se transmet par la bonne conduite, la chasteté, la fidélité, le respect et les bonnes œuvres.

## Dieu rend belle et digne de royauté

Le texte d'Ézéchiel 16 nous montre que Dieu a lui-même orné Israël des toutes sortes de perles jusqu'à le rendre 'belle et digne de la royauté'.

**Ézéchiel 16:1-16** *«La parole de l'Éternel me fut adressée, en ces mots: Fils de l'homme, fais connaître à Jérusalem ses abominations! Tu diras: Ainsi parle le Seigneur, l'Éternel, à Jérusalem: Par ton origine et ta naissance tu es du pays de Canaan; ton père était un Amoréen, et ta mère une Héthienne. A ta naissance, au jour où tu naquis, ton nombril n'a pas été coupé, tu n'as pas été lavée dans l'eau pour être purifiée, tu n'as pas été frottée avec du sel, tu n'as pas été enveloppée dans des langes. Nul n'a porté sur toi un regard de pitié pour te faire une seule de ces choses, par compassion pour toi; mais tu as été jetée dans les champs, le jour de ta naissance, parce qu'on avait horreur de toi. Je passais près de toi, je t'aperçus*

> *Harmonie entre la parure extérieure et l'état de son âme*

*baignée dans ton sang, et je te dis: Vis dans ton sang! je te dis: Vis dans ton sang! Je t'ai multipliée par dix milliers, comme les herbes des champs. Et tu pris de l'accroissement, tu grandis, tu devins d'une beauté parfaite; tes seins se formèrent, ta chevelure se développa. Mais tu étais nue, entièrement nue. Je passai près de toi, je te regardai, et voici, ton temps était là, le temps des amours. J'étendis sur toi le pan de ma robe, je couvris ta nudité, je te jurai fidélité, je fis alliance avec toi, dit le Seigneur, l'Éternel, et tu fus à moi. Je te lavai dans l'eau, je fis disparaître le sang qui était sur toi, et je t'oignis avec de l'huile. Je te donnai des vêtements brodés, et une chaussure de peaux teintes en bleu; je te ceignis de fin lin, et je te couvris de soie. Je te parai d'ornements: je mis des bracelets à tes mains, un collier à ton cou, je mis un anneau à ton nez, des pendants à tes oreilles, et une couronne magnifique sur ta tête. Ainsi tu fus parée d'or et d'argent, et tu fus vêtue de fin lin, de soie et d'étoffes brodées. La fleur de farine, le miel et l'huile, furent ta nourriture. Tu étais d'une beauté accomplie, digne de la royauté. Et ta renommée se répandit parmi les nations, à cause de ta beauté; car elle était parfaite, grâce à l'éclat dont je t'avais ornée, dit le Seigneur, l'Éternel.»*

> N'utilisez pas la belle parure qui vous a été donnée comme objet de prostitution

Dans cette présentation allégorique où Israël est comme une femme. Nous découvrons que Dieu n'est pas contre la beauté; Il a Lui-même orné et embelli cette femme (qui est Son peuple) avec des bracelets aux mains, un collier au cou, des pendants ou boucles d'oreilles, voir même d'une couronne magnifique à la tête. Bref, Dieu a paré Son peuple de l'or, de l'argent, et des habits de grande valeur. Dieu ne reproche pas à Israël d'avoir une belle parure; mais Il lui reproche d'avoir utilisé la belle parure que Dieu lui a donnée pour se prostituer. En d'autre terme Dieu veut qu'il y ait une harmonie entre la parure extérieure de la femme et l'état de son âme.

> *La vraie beauté commence par l'acceptation de soi*

Selon les Écritures, la femme qui rejette la parure intérieure, sa parure extérieure ne sert à rien; parce qu'elle n'est qu'une hypocrisie qui cache ce qu'elle est en réalité. Mais la femme qui possède ces qualités intérieures c'est à dire la piété, la pureté de cœur, la modestie et les bonnes œuvres; il ne peut y avoir d'interdiction à ce qu'elle se pare extérieurement d'or ou des perles, car cette parure est déjà intérieure et vraie en elle. C'est ce qu'elle est réellement. Dieu n'interdit pas à ses enfants de s'orner des perles.

**L'acceptation de soi**

La beauté de la femme commence par l'acceptation de soi. Elle n'est pas belle en comparaison à quelqu'un d'autre. **Sa beauté est dans le fait d'abord qu'elle est une pièce unique, créée par un Dieu unique pour une**

**mission unique.** Sa beauté est liée à sa mission et à ce que Dieu attend d'elle. Chaque femme doit croire qu'elle est une créature si merveilleuse comme le dit le **Psaume 139:14**. Les femmes qui ne s'acceptent pas mais qui veulent être comme telle ou telle autre personne, s'attirent des ennuis.

Les femmes pieuses ne doivent pas paraître sales, vieilles, démodées. Cela est sans doute une ruse de l'ennemi qui d'un côté va pousser ses femmes de valeur à négliger leur apparence physique et de l'autre va inciter les ennemis de l'Évangile à se moquer d'elles.

Dans tous les cas, le but du diable, c'est de présenter le christianisme comme étant mauvais, contraignant ou déshumanisant; et pourtant partout où l'Évangile de Jésus est prêché, il apporte le développement, il élève les humains et en particulier les femmes. La tunique de notre Maître était de grande valeur, ce qui a fait que ses bourreaux ne l'ont pas déchirée pour s'en partager, mais ils ont décidé de faire un tirage au sort pour le posséder.

**Une double raison de beauté**

La femme servante de Dieu a une double raison pour être belle et attrayante:
-sa beauté n'est que l'expression extérieure de ce qui existe déjà dans son âme.

-elle est un modèle et une représentation de son Maître.

Ceci dit, la femme ministre se gardera de toutes les modes et pratiques sans pudeur ou trop luxueuses. Loin de faire la conquête des nouveaux arrivages, des nouvelles parutions ou des derniers cris. Elle évaluera la qualité et la quantité de son vin à celle de ses outres. (Matthieu 9:17) Une femme ministre peut aussi exercer son influence en encourageant certains modèles auprès de ses couturières et coiffeuses. Elle est donc une 'marque déposée.' Elle a besoin de comprendre qu'elle est une personne publique et que tout ce qu'elle fait sera suivi d'une façon ou d'une autre.

> *La femme ministre est une marque déposée*

Vivre au-delà de ses moyens est un grand piège. L'ennemi nous fait toujours envier ce qui est chez autrui. Une attitude qui est à la base de beaucoup d'échecs dans la vie des personnes appelées aux responsabilités. La Bible dit: *«C'est en effet, une grande source de gain, que la piété avec le contentement; car nous n'avons rien apporté dans le monde, et il est évident que nous n'en pouvons rien emporter. Si donc nous avons la nourriture et le vêtement, cela nous suffira. Mais ceux qui veulent s'enrichir tombent dans beaucoup de désirs insensés et pernicieux qui plongent les hommes dans la ruine et la perdition. Car l'amour de l'argent est la racine de tous les maux; et quelques en étant possèdes, se sont égarés loin de la foi, et se sont jetés eux-mêmes dans bien des tourments.»* (1Timothée 6:6-10)

Le fait d'être une personne publique ne fait pas de la servante de Dieu un 'star' à la manière du monde. Elle n'est pas une modéliste, bien que sa manière de s'habiller reste une source d'inspiration pour les autres femmes. Les femmes sans foi ni loi, ne sont pas sa source d'inspiration, bien au contraire elle en est une pour tous.

*Une source d'inspiration*

La femme ministre veillera à ce que sa vie présente toujours le message dont elle est porteuse: L'Évangile du Christ son Maître. Comme nous l'avons dit précédemment notre vie parle même là où nous n'avons pas articulé un seul mot. Notre habillement est un langage et un message que nous adressons aux autres.

## CHAPITRE XIV

# *Maintenir le temple du Saint-Esprit*

*«Bien-aimé, je souhaite que tu prospères à tous égards et sois en bonne santé comme prospère l'état de ton âme.»* (3Jean 1-2)

*«Les aliments sont pour le ventre, et le ventre pour les aliments; et Dieu détruira l'un comme les autres. Mais le corps n'est pas pour l'impudicité. Il est pour le Seigneur, et le Seigneur pour le corps...* **Ne savez-vous pas que votre corps est le temple du Saint Esprit qui est en vous**, *que vous avez reçu de Dieu, et que vous ne vous appartenez point à vous-mêmes?»* (1Corinthiens 6:13,19)

Dieu est Esprit, mais pour venir au secours à l'humanité et la sauver Il a choisi de faire du Christ un corps. Et pour continuer Son œuvre sur terre Dieu choisit des humains, que nous sommes, en qui Il met son Esprit-Saint. Nous sommes donc les instruments de Dieu pour Son œuvre. La Bible dit que notre corps est le temple du Saint-Esprit, la propriété du Seigneur. C'est la volonté de Dieu que nous soyons en bonne santé et en bon état physique et spirituel. Notre corps a besoin entre autres d'une bonne alimentation, d'une quiétude intérieure et d'une intégrité pour être maintenu en bon état.

**1. L'Alimentation**

Toute nourriture que Dieu a créée est bonne et toute consommation avec modération contribue à notre bien être. L'équilibre alimentaire est exigé pour tout celui qui veut être en bonne santé. Les besoins peuvent varier selon l'état des personnes, leurs occupations, ou encore leurs milieux de vie. Plusieurs ouvrages ou sites internet parlent des différents groupes d'aliments et leurs apports dans notre santé. Nous laisser informer, ajoutera un plus à notre propre santé et à celle des personnes que nous encadrons.

Multiples facteurs contribuent à la bonne santé, et à une bonne apparence physique. On a cru avant que le problème d'alimentation était un problème du Tiers monde; mais nous découvrons que l'abondance des nations riches n'exclut pas la mauvaise alimentation des personnes qui y habitent. Si pour les uns c'est le manque de nourriture qui est le problème, pour les autres c'est le choix de la bonne nourriture qui les préoccupe. Une bonne alimentation contribue au bon rendement dans le travail physique et intellectuel.

Un bon repas ne devait pas normalement être cher, mais dans un monde où tout semble devenir de plus en plus artificiel, on comprend pourquoi tout ce qui est naturel ou 'bio' coûte cher. Si nous attendons qu'une ou deux compagnies produisent du légume pour cinquante ou cent millions de population, nous ne devons pas les blâmer d'utiliser toutes sortes des produits chimiques dans la production tout comme la conservation de ses nourritures.

Dans une certaine mesure, les familles sont à blâmer de ce qu'elles ne sont pas capables de se faire un jardin potager chez eux par exemple. De toute ma vie, que ce soit chez mes parents ou chez moi, je n'ai jamais existée sans avoir un potager. Les excuses pourquoi on ne peut pas avoir un petit jardin potager, je les ai entendues en Afrique, comme en Occident et je ne doute pas que ça soit les même excuses partout dans le monde. Nos parents ou grands parents, aux années trente et quarante, croyaient peut-être que quand on aura des voitures pour la majorité des populations, des avions des lignes, des trains grande vitesse, des téléphones et toutes autres sortes des technologies pour faciliter la vie de l'homme; ce dernier aura de plus en plus du repos et vivra en paix. C'est bien le contraire que nous vivons. Non seulement les nourritures ne sont plus naturelles, mais l'humain lui même devient de

*Une nourriture produite et acquise dans des bonnes conditions*

plus en plus artificiel et a des moins en moins la paix ou le temps de vivre naturellement. Il y en a même qui on peur de toucher la terre ou de la cultiver. Ils croient que seuls les fermiers doivent toucher cette 'sale histoire', ou encore, eux seuls ont le pouvoir de faire germer une légume. Et pourtant la Bible dit que quand une graine tombe à terre, elle ne restera jamais seule... Elle ne peut que germer et se multiplier! Mon mari et moi passons quelques minutes de notre temps libre dans notre potager. Une fois en Afrique nous avions eu tellement une grande récolte qu'un dimanche matin nous en avions rempli notre véhicule pour le partager gratuitement aux membres de l'Église. A l'époque, mon mari (comme moi) était un homme très occupé: directeur et professeur de notre Institut Biblique, pasteur de l'Église de la Restauration, conférencier dans plusieurs réunions au pays comme à l'étranger; préparant de temps en autres les campagnes d'Évangélisation pour T.L. Osborn dans les pays francophones d'Afrique, etc. Mais malgré ses occupations, il avait aussi le temps de toucher la terre. Aujourd'hui quoiqu'en Occident, nous sommes fiers comme des centaines d'amis que nous avons découvert dans ces milieux, de faire des grandes et sûres récoltes 'bio' venant de notre potager.

La richesse ne commence pas par l'argent, elle est d'abord un état d'esprit; celle de savoir faire des bons choix. Il y a des riches qui ne connaissent que les étalages des supermarchés, tandis que d'autres avec les mêmes moyens sont beaucoup plus proches de la nature (élevage, potager, etc.).

Une expression dit que 'tout ce qui brille n'est pas de l'or'! Cela est très vrai même dans le domaine de l'alimentation. Ce n'est pas parce qu'une nourriture est importée ou étalée sur un rayon de supermarché qu'elle est meilleure par rapport à ce qui est local ou produit par soi-même. Savoir faire la part de choses entre la sous-alimentation et les sacrifices du ministère. Certaines personnes ne prennent pas soin de leur nutrition au point que leur état de santé devient précaire et inutile pour servir Dieu. La bonne santé est mieux que la guérison, la bonne alimentation est mieux que les médicaments. (Actes 27:34)

La nourriture aujourd'hui est à la base de beaucoup des problèmes de santé qu'il nous faut être exigent quant à ce que nous permettons venir sur notre assiette.

*Transformer ses inquiétudes en prière*

## 2. La quiétude intérieure

La bonne santé ne vient pas seulement de l'alimentation. Les préoccupations du cœur peuvent aussi affecter négativement la santé. Aussi longtemps que nous vivons dans cette chair, des épreuves et des temps difficiles feront partie de la marche de tout enfant de Dieu. Le Seigneur que nous servons, nous donne des promesses fermes, sur lesquelles nous devons poser notre foi pour tenir bon jusqu'à la fin. Servir Dieu est un privilège, et ce service ne se fait que par la foi. Nous croyons même là où les circonstances semblent nous dire le contraire. L'espérance que nous avons en Christ et en sa Parole renouvelle notre force pour continuer la marche. Au lieu d'envier les autres, comprenons que chaque enfant de Dieu est éprouvé d'une manière ou d'une autre. Le danger c'est souvent de croire qu'on est le seul à souffrir; et pourtant la Bible nous exhorte de *résister au diable avec une foi ferme, sachant que les mêmes souffrances sont imposées à nos frères et sœurs en Christ dans le monde.* (1 Pierre 5:9)

    La souffrance ne doit pas être le désir du croyant; Dieu ne nous destine pas à souffrir. Il dit que les projets qu'Il a formés pour nous sont des projets de paix et non de malheur. (Jérémie 29:11) Mais si dans notre parcours nous sommes visités par la souffrance, tenons fermes car Dieu qui a fait la promesse est fidèle. Si les promesses que nous attendons tardent, continuons à croire, à attendre et à ne jamais cesser de croire. Le parcours du ministère qu'il soit facile ou difficile, contribue à notre maturation. Ne perdons pas notre espérance, qui nous donne une force intérieure à persévérer dans la foi.

Les conflits et le manque de pardon rongent notre santé comme une gangrène. Nous commettrons des fautes et les autres en commettrons aussi vis-à-vis de nous; mais le pardon reste le seul moyen pour se refaire. Quand on refuse de pardonner on croit faire du mal à celui qui a fait l'offense et pourtant ce sont ses propres pensées qui seront rongées. *S'il est possible autant que cela dépend de vous*, dit la Bible, *soyez en paix avec tous les hommes.* (Romains 12:18)

Le fardeau de notre vie ou de l'œuvre n'est pas notre fardeau, nous devons apprendre à toujours le déposer auprès du Seigneur. Ne laissons pas le fardeau ou le souci de l'œuvre détruire notre santé. Si nous mourons des soucis à cause de l'œuvre, nous agissons mal; Dieu ne nous a pas appelés à Son service pour nous tuer. Si nous mourons des soucis, Dieu suscitera d'autres serviteurs et servantes; et Son œuvre continuera. Déchargeons-nous sur Jésus et vivons en paix, dans la foi et l'espérance.

*« C'est pourquoi je vous dis: Ne vous inquiétez pas pour votre vie de ce que vous mangerez, ni pour votre corps, de quoi vous serez vêtus. La vie n'est-elle pas plus que la nourriture, et le corps plus que le vêtement? Regardez*

*les oiseaux du ciel: ils ne sèment ni ne moissonnent, et ils n'amassent rien dans des greniers; et votre Père céleste les nourrit. Ne valez-vous pas beaucoup plus qu'eux? Qui de vous, par ses inquiétudes, peut ajouter une coudée à la durée de sa vie? Et pourquoi vous inquiéter au sujet du vêtement? Considérez comment croissent les lis des champs: ils ne travaillent ni ne filent; cependant je vous dis que Salomon même, dans toute sa gloire, n'a pas été vêtu comme l'un d'eux. Si Dieu revêt ainsi l'herbe des champs, qui existe aujourd'hui et qui demain sera jetée au four, ne vous vêtira-t-il pas à plus forte raison, gens de peu de foi? Ne vous inquiétez donc point, et ne dites pas: Que mangerons-nous? que boirons-nous? de quoi serons-nous vêtus? Car toutes ces choses, ce sont les païens qui les recherchent. Votre Père céleste sait que vous en avez besoin. Cherchez premièrement le royaume et la justice de Dieu; et toutes ces choses vous seront données par-dessus. Ne vous inquiétez donc pas du lendemain; car le lendemain aura soin de lui-même. A chaque jour suffit sa peine.»* (Matthieu 6:25-34)

*Je ne me laisserai asservir par quoi que ce soit*

### 3. La fierté de son intégrité

*«Bien-aimé, je souhaite que tu prospères à tous égards et sois en bonne santé comme prospère l'état de ton âme. J'ai été fort réjoui, lorsque des frères sont arrivés et ont rendu témoignage de la vérité qui est en toi, de la manière dont tu marches dans la vérité. Je n'ai pas de plus grande joie que d'apprendre que mes enfants marchent dans la vérité.»* (3Jean 1:2-4)

*« Tout m'est permis, mais tout n'est pas utile; tout m'est permis, mais je ne me laisserai asservir par quoi que ce soit. Les aliments sont pour le ventre, et le ventre pour les aliments; et Dieu détruira l'un comme les autres. Mais le corps n'est pas pour l'impudicité. Il est pour le Seigneur, et le Seigneur pour le corps. »* (1Corinthiens 6:12-13)

Selon l'Apôtre Jean une des façons de se maintenir en bonne santé physique c'est d'avoir un état d'âme prospère, un témoignage d'une vie de joie et de vérité. Nous parlons d'une fierté de son intégrité.

La femme ministre doit comprendre que le simple titre de 'ministre' évoque le respect qui vient de la réputation d'intégrité. Cela suppose que la conduite d'un ministre doit être faite de fidélité et de vérité vis-à-vis de son Maître, de sa mission et des autres.

On vit dans une époque où les gens veulent se permettre n'importe quoi. 'Tout est permis. Rien n'est interdit.' Mais la femme ministre doit suivre les conseils de la Bible qui dit: *« Tout m'est permis, mais tout n'est pas utile; tout m'est permis, mais je ne me laisserai asservir par quoi que ce soit. »*

> *La fierté d'intégrité c'est savoir qui on est, et pour qui on est.*

L'intégrité est cette détermination de rester fidèle et de plaire à Dieu, malgré que tout le monde autour de soi ou tout en soi pousse à agir selon l'opinion publique ou à faire des faux compromis. La bonne réputation est chère, mais rien ne peut remplacer la fierté intérieure et extérieure qu'elle procure. Ça peut être dur voire difficile de dire *'je ne me laisserai asservir par quoi que ce soit.'* La clé est de savoir qui on est, au service de qui on est, par qui et contre qui on est protégé et auprès de qui on rendra compte.

Comme un ambassadeur de Christ, une femme ministre doit avoir des marques de noblesse, qu'il s'agisse de ses paroles, de ses convictions, de ses goûts, ou de ses manières.

*«Mais celui qui est noble forme de nobles desseins, et il persévère dans ses nobles desseins.»* (Ésaïe 32:8)

# Cinquième Partie

# *Réussir avec les femmes*

«*Fortifie-toi seulement et aie bon courage, en agissant fidèlement selon toute la loi que Moïse, mon serviteur, t'a prescrite; ne t'en détourne ni à droite ni à gauche, afin de réussir dans tout ce que tu entreprendras.*» (Josué 1:7)

*C'est le désir de toute personne d'avoir du succès dans ce qu'elle fait. Est-ce que cela est possible avec les femmes et en tant que femme?*

*On entend souvent dire que travailler parmi les femmes est très difficile. Sans vouloir simplifier la complexité de cette tâche, je dois dire que les femmes prouvent partout que si une personne est bien intentionnée et déterminée de les encadrer et les mobiliser, elles sont capables d'accomplir des grandes choses pour Dieu et pour son royaume.*

**CHAPITRE XV**

# Réussir votre ministère parmi les femmes

*« Le jour du sabbat, nous nous rendîmes, hors de la porte, vers une rivière, où nous pensions que se trouvait un lieu de prière. Nous nous assîmes, et nous parlâmes aux femmes qui étaient réunies. L'une d'elles, nommée Lydie, marchande de pourpre, de la ville de Thyatire, était une femme craignant Dieu, et elle écoutait. Le Seigneur lui ouvrit le cœur, pour qu'elle fût attentive à ce que disait Paul. »* (Actes 16 :13-14)

## 1. LE SUCCES DANS LE TRAVAIL

Les femmes de tous les temps ont toujours eu le désir de se regrouper et de s'aiguiser pour s'édifier et avancer le royaume de Dieu. La majorité des populations de nos églises étant des femmes; et du fait que ces dernières occupent une position de grande influence dans la société, il est important qu'elles soient encadrées et orientées. Une fois les femmes sont très engagées au Seigneur, elles deviennent une grande armée pour gagner leurs familles et connaissances au Seigneur. Les femmes sont sensibles, prêtes à obéir et à soutenir l'œuvre de Dieu si elles sont bien enseignées. Comme aux jours de la Bible, les femmes aujourd'hui encore sont prêtes à casser leur vase de parfum de grand prix pour le Seigneur; prêtes à supporter son œuvre quelque soit le prix.

La clé du succès dans le ministère c'est notre connexion avec Christ et notre obéissance à Ses instructions. Notre personnalité joue un rôle important, sans négliger la faveur de Dieu.

Comme dans beaucoup de services, il y a bien des choses à connaitre et à faire pour avoir le succès dans le travail en tant que femme leader ou leader des femmes. Parmi tant d'autres, la femme doit:

1. Connaître son appel
2. Demeurer disciple toute la vie
3. Avoir une passion pour son travail. Dépasser le niveau des obligations
4. Viser l'excellence (Donner le meilleur de soi)
5. Connaître son message: Il y a un travail à faire avant de parler aux autres. Une préparation, maitriser son message. (1Timothée 4:11-16) – *Appliques-toi à la lecture – Occupes-toi de ces choses –*

*Donnes-toi tout entier à elles – Veille sur toi-même – Persévère.*
6. Planifier son travail (Luc 4:18-20) – un travail planifié est facile à évaluer: Quel domaine? Qui atteindre? Quelle stratégie?
7. Evaluer son travail
8. Savoir utiliser son temps: Jean 9:4 la nuit vient ou personne ne peut travailler. Se donner une discipline dans l'utilisation de son temps ou un délai de temps pour chaque objectif à atteindre.
9. Avoir des ainés de référence: - Reconnaître les ainés – Se confie en temps difficile – avant qu'il ne soit tard. (Matthieu 11:1-11) – Ne confie pas ton problème à n'importe qui.
10. Être discrète: le respect de ceux qui se confient ainsi que leurs confidences. (Matth11:7-11)
11. Valoriser ceux avec qui on travaille. Du respect pour les supérieurs, tout comme les subalternes.
12. Collaborer avec les autres servantes de Dieu; ne pas cavaler seule. Nous sommes un corps, nous ne possédons pas tout, il y a beaucoup à apprendre des autres.
13. L'intégrité: sa vie ne doit pas contredire son discours. (1Timothée 4:12; 1Corinthiens 4:1-2)

## 2. QUELQUES ÉLÉMENTS À CONSIDÉRER DANS LE TRAVAIL AU MILIEU DES FEMMES

Souvent les gens veulent savoir pourquoi les femmes cherchent à avoir des réunions et des commissions particulières dans leurs églises et organisations locales voire internationales. Suite à mes expériences comme pasteur responsable d'une église locale, formateur dans une école biblique et fondatrice d'un ministère international des femmes; je peux dire avec certitude que les femmes non seulement ont besoin de soins particuliers, mais aussi sont capables d'innombrables exploits si on leur permet d'exprimer leurs talents au travers des services particuliers. En passant je conseille à ce que les hommes soient aussi encadrés et enseignés de la même façon dans l'église.

Le travail au milieu des femmes ne consiste pas seulement à donner des prédications magistrales à la chair. Il est important qu'on s'abaisse à leur niveau et qu'on tienne compte de tous les aspects de leur vie. Ce n'est pas pour dire que la servante de Dieu doit tout connaître. Non. Elle est plutôt encouragée à collaborer avec des personnes qualifiées dans différents domaines, qui peuvent chacune apporter leur pierre dans l'édifice. L'objectif est que chaque femme se retrouve dans une activité, et que personne ne soit laissé pour compte.

Les éléments proposés pour un travail essentiellement parmi les femmes sont innombrables. Voici cinq domaines dans lesquels nous avons regroupé quelques uns d'entre eux:

### 1. *Domaine spirituel*
- Sa croissance personnelle: la méditation de la parole, la vie de prière, la communion fraternelle, etc.
- Ses devoirs spirituels: la participation aux cultes, témoignage de sa foi (gagner les âmes), obéissance à la Parole, donner sa dimes, et ses offrandes; aimer les frères et sœurs dans la foi, pourvoir aux besoins des ceux qui souffrent (la libéralité), etc.

### 2. *Domaine matrimonial*
- Le choix du conjoint
- Le Parrainage
- La vie dans le couple (harmonie conjugale)
- La maternité
- La relation mère - enfant
- Les étapes de la croissance
- L'Éducation sexuelle
- La Ménopause, etc.

### 3. *Domaine social*

- Les Femmes seules
- Les Femmes veuves: le veuvage, ses difficultés, comment s'y prendre ? Le remariage, etc.
- Les Jeunes filles: les changements physiologiques, l'acceptation de soi, les amitiés, le choix du conjoint, etc.
- Les Filles - mères: la réinsertion dans la société, la restauration de la confiance en soi et la poursuite des ses rêves.
- Les femmes avec handicap: l'estime de soi, comment surmonter les barrières physiques, psychologiques, les regards des autres, les préjugés, etc.

### *4. Domaine économique*
- Encourager les femmes à produire des moyens substantiels (Être capables de travailler dans différents domaines et couches de la société.)
- Introduire la notion d'entreprenariat, de gestion des ressources, d'argent: capital – bénéfice – épargne
- Le partenariat dans les affaires et les coopératives
- Forums de partage et de motivation sur des idées ou projets faisables afin de s'inspirer mutuellement. (Quelles sont les idées qu'on

a, même celles qu'on ne croit pas être réalisables...)
- Les apprentissages (métiers: Bijoux, cuisine, coiffure, couture, tricotage, nouvelles langues, etc.)
- Encourager les femmes à ne pas être observatrice dans l'église et dans la société.
- Les femmes activistes et leaders politiques

## 5. *Domaine intellectuel et professionnel*
- La curiosité intellectuelle
- Les études : Orientations et choix des carrières
- La vie professionnelle: Avantages, désavantages, contraintes, etc.
- L'alphabétisation et le gout de la lecture
- Culture et arts (musique, sports, media, théâtre...)
- Les nouvelles sciences et technologies, etc.

Les points cités ci-haut sont autant d'initiatives ou visions ministérielles en faveur des femmes localement ou globalement. Il y a des centaines d'organisations qui sont particulièrement nées et spécialisées sur certains de ces points ou domaines, et tentant tant soit peu à satisfaire ces besoins. Une église locale peut aussi organiser les femmes dans ces différents domaines pour qu'elles deviennent efficaces au sein de l'église et dans la société.

Vous pouvez donc vous en inspirer ou faire quelque chose d'original selon vos particularités et les fardeaux que le Seigneur met en votre cœur. Et si vous êtes dociles et diligentes, non seulement vous comprendrez votre appel, mais surtout vous serez bientôt parmi ces femmes de lignes de front, faisant des exploits à la gloire de Dieu et pour l'épanouissement de la société.

***«Si vous avez de la bonne volonté et si vous êtes dociles, vous mangerez les meilleures productions du pays.»*** *(Ésaïe 1:19)*

## Les Aides Semblables International

Initié en 1995 par Pasteur Astrid SONI, le ministère *'Aides Semblables International'* (ASI) est dédié à équiper: les femmes; les femmes-ministres de l'Évangile, les femmes servantes de Dieu, des femmes exerçant des responsabilités (dans la société, dans l'église, en politique, dans les affaires, l'éducation, etc.) et à équiper les leaders féminins des diverses œuvres.

L'ASI est un service chrétien interdénominationnel auprès des femmes Senior, femmes adultes, ainsi que jeunes filles.

### Buts et Motivation

Ce ministère s'active essentiellement: - à rehausser l'image de la femme,
- à rehausser l'image des servantes de Dieu et des épouses des serviteurs de Dieu,
- à motiver les jeunes filles à rêver grand (réussir dans la vie) et vivre de façon équilibrée.
- à aiguiser les potentiels de toutes ses femmes à cause de leur rôle non négligeable dans la destinée des plusieurs familles, églises, ministères et nations.
- à les inciter au self-estime, à la maturité et à l'excellence dans la vie.

La motivation, l'encouragement à l'épanouissement individuel, l'aide mutuelle et la poursuite de l'excellence sont les éléments essentiels de notre communion. (Proverbes 27:17).

La mission de l'ASI auprès de ces dames est de les dimensionner à la taille et au niveau de ce pourquoi Dieu les a équipées et placées sur cette terre.

Les femmes 'Aides Semblables', aussi appelées 'Femmes des lignes de front', sont motivées et encouragées à initier et à montrer le chemin aux autres.

### Notre Mot d'Ordre: «Être à la Hauteur»

Ce ministère fait partie du réseau de *Soni Restoration Ministries International* (SRMI)

## LE RESEAU DE LA FAMILLE DE LA RESTAURATION:

***Soni Restoration Ministries International*** (SRMI) est la vision que le Seigneur a donnée à Son serviteur Soni Mukwenze Emmanuel, après ses 15 ans de ministère itinérant et pastoral. Le SRMI est un réseau international des églises et assemblées locales, des ministères et services, des écoles de formation des serviteurs de Dieu et des actions de développement communautaire.

L'objectif principal du SRMI est d'amener toute personne à connaître et à célébrer la Seigneurie de JESUS-CHRIST, et ainsi servir de cadre pour l'encadrement et la restauration intégrale de l'homme tout entier et son environnement, par l'annonce et la pratique du plein Evangile. Selon le concept de son visionnaire et les relations entre ses différents membres, le SRMI est plus une famille qu'une institution, c'est pourquoi on s'y réfère souvent comme «*la Famille de la Restauration.*»

*www.sonirestorationministries.org*
*www.facebook.com/sonirestorationministries*

## Restoration International Embassy

Restoration International Embassy *est un service apostolique et multiculturel de SRMI, ayant son siège aux Etats-Unis d'Amérique. Elle est chargée des connexions multisectorielles, transculturelles et internationales visant le salut des âmes, le réveil des croyants, la restauration des nations par l'annonce et la pratique de la rédemption en Christ, par la formation et l'ignition des ministres de l'Evangile.*

**La Connexion est notre spécialité :**
-*Connecter les hommes avec Dieu, et les uns avec les autres*
-*Connecter les ministres de Dieu avec la moisson du monde*
-*Connecter les nécessiteux avec la provision divine.*

**Notre Mission** *est de lever, former et enflammer des Ambassadeurs pour Christ pour la restauration des nations.*

**Notre Action** *est de :*
- **Atteindre** *les non atteints par le témoignage personnel, par les actions missionnaires et l'évangélisation des masses.*
-**Equiper** *les croyants, en créant des centres d'aide et de formation pour des leaders et des missionnaires.*
-**Connecter** *les gens avec Dieu et entre eux, connecter les ministres avec la moisson mondiale, et connecter les nécessiteux avec la provision divine. Servir de pont entre les peuples au travers des services divers et des actions communautaires.*
    *Une des activités de RIE est l'organisation du Sommet Mondial des Missionnaires Emergents* **(Global Emerging Missionaries Summit)**

www.cross.tv/restoration_international_embassy
Email: restoration4revival@gmail.com

# Église de la Restauration
### «Là où la Parole et l'Esprit s'accordent, Jésus-Christ est Seigneur.»

L'Eglise de la Restauration est une famille des enfants, des jeunes et des adultes qui croient qu'en Christ tout est récupérable. Notre but est de servir d'un cadre propice pour l'adoration de Jésus-Christ en esprit et en vérité. Pour l'encadrement et la restauration intégrale de l'homme tout entier et de son environnement par la prédication de l'Evangile du Royaume de Dieu.

Présentement nous sommes des milliers d'hommes et femmes dans plusieurs pays du monde qui nous identifions comme membres actifs de l'Eglise de la Restauration qui, par la grâce et l'œuvre de Christ, sommes entrain d'être rafraîchies ou guéris de toutes séquelles de la tradition et manipulation religieuses, de la confusion mondiale, de la pollution environnementale, bref de l'emprise infernale liée à la déchéance humaine.

Nos cultes dans nos églises locales sont principalement des moments de célébration de la Seigneurie de Jésus-Christ, d'études bibliques et la communion fraternelle dans toute la liberté et la direction du Saint-Esprit. Evidemment un accent est mis sur notre mission de la restauration des vies, de foyers, des nations ainsi que de la foi, des dons et des ministères des croyants, et cela par des enseignements bibliques très solides et équilibrés accompagnant nos actions de développement communautaire.

Nous croyons que seul l'Evangile du Christ prêché et pratiqué par tous, dans toute sa simplicité première, et sa profondeur enthousiasmante, peut donner la vie divine et la restauration intégrale de l'homme et son environnement. C'est à cela que nous vous invitons personnellement au nom du Seigneur.

### *'Là où la Parole et l'Esprit s'accordent, Jésus-Christ est Seigneur.'*

Email: coorderest@yahoo.fr

## GLOBAL EMERGING MISSIONARIES SUMMIT

*From All Nations To All Nations. The Mission of the People on the Move* (Acts 8:4)

## LE SOMMET MONDIAL DES MISSIONNAIRES EMERGENTS

*De Toutes les Nations vers Toutes les Nations. La Mission des Croyants en Mouvement* (Actes 8:4)

Le GEMS est un Sommet mondial réunissant annuellement des missionnaires venant des pays émergents et des ministères internationaux œuvrant en Occident et partout dans le monde pour partager leurs expériences et défis du champ missionnaire du 21 ème siècle.

**L'objectif:**

**-Connecter les Missionnaires et les Ministères globalement**

**-Encourager la Diaspora, les Affaires et le Tourisme comme la mission de tout croyant**

Notre action ministérielle: **Atteindre-Equiper-Connecter**

-a) Atteindre les non atteints et les perdus par le témoignage personnel, les actions missionnaires et l'évangélisation des masses

-b) Equiper et enflammer les croyants en conduisant des réunions de réveil, en créant des cadres pour la formation des leaders, des ministres et des missionnaires

-c) Connecter les gens avec Dieu et entre eux, connecter les ministres avec la moisson mondiale, et connecter les nécessiteux avec la provision divine.

Pour connaitre les détails sur les prochaines rencontres, veuillez contacter: globalmissionaries2012@gmail.com

Nos sites Internet:
*www.sonirestorationministries.org*
*www.cross.tv/restoration_international_embassy*
*www.facebook.com/restorationfamily*
*www.restorationtop.net*
*www.gravelavision*

## *Ecoutez notre Radio*
*En ligne 24/24   7 jours/7*

# *www.restorationtop.net*

**Une radio en ligne multilingue et transgénérationnelle**

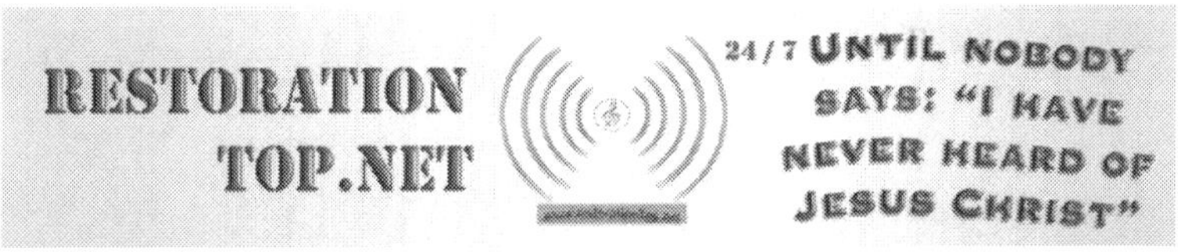

OUVRAGES PUBLIES AUX EDITIONS
*Grave la Vision*
Ouvrages par Dr Emmanuel Mukwenze Soni
1. *Comme le fer aiguise le fer : 9 Relations dynamiques* (190 pages)
2. *Poèmes de Papa: Recueil des pensées et vers soufflés* (160 pages)
3. *Amazing Facts about the Holy Spirit* (300 pages)
4. *Le profil du leader* (96 pages)
5. *Guide pour Etudes Bibliques* Volume I (150 pages)
6. La Sécheresse Spirituelle et la Rétrogradation (160pages)

le
Profil du
leader
Emmanuel M Soni

LA RESTAURATION
UNE FAMILLE
UNE FACON D'ETRE
Manuel de gestion des extensions

Ouvrages par Debbie Soni
1. *Memories: Lod's Puzzle* (187 pages)
2. *The Ten Children of Celeste Pastry* (96pages)

Musique:
- *J'ai Décidé* (CD audio avec 8 chants composés et écrits par Pasteur Astrid Soni & Soni Steps Music)

Ouvrages à paraître bientôt:
1. *Principes de la Restauration*
2. *Les Dix Essentiels de la Vision de la Restauration*
3. *La Restauration : une Famille, une façon d'être*
4. *Mille et Une Merveilles de la Bible*
5. *Sounds of Wounds*
6. *Despise Not*
7. *Femme et Ministre au Service du Maitre*
8. *Questions sur le Salut, la Sainteté et la Sécurité*

*Femme et Ministre au Service du Maître* | 142

## Manuel des Méditations Quotidiennes 2014 & 2015

*Rafraichissement Quotidien 2014 & 2015*
*Guide pour Etudes Bibliques et Leçons de Dimanche*

*Les Editions **Grave la Vision** sont dévouées à aider les auteurs de publier leurs ouvrages: De la conception à la publication tout en passant par la relecture, l'édition, la capture d'images, la présentation et le design des ouvrages (livres, CD, DVD, affiches, posters, dépliants).*

www.gravelavision.com
Email : astrid3soni@gmail.com

Made in the USA
Charleston, SC
05 September 2015